Aktiv und endlich Zeit IN KÖLN/BONN

Der Aktiv-Guide für unternehmungslustige Menschen im besten Alter

Ausgehen S. 4

Unterwegs S. 22

Fernreisen S. 38

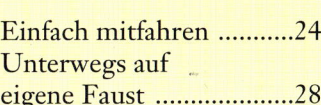

Hobbys S. 44

Engagement S. 50

Weiterbildung S. 58

Wer rastet, der rostet S. 64

LIEBE LESERIN, LIEBER LESER!

Gehören Sie zu den unternehmungslustigen Menschen im Ruhestand, denen Kaffeefahrten zu anspruchslos und Kreuzworträtsel auf Dauer zu langweilig sind? »Aktiv und endlich Zeit« wurde speziell für aufgeweckte »Unruheständler« geschrieben, die Lust haben, etwas Neues zu entdecken und auszuprobieren. Das Buch zeigt Ihnen, welche überraschenden Freizeitangebote es in Ihrer Region für Menschen im besten Alter gibt.

Mit einer Fülle an Freizeitideen und Adressen sorgt »Aktiv und endlich Zeit« dafür, dass Langeweile gar nicht erst aufkommen kann. Gehen Sie z.B. gerne aus? Dann werden Sie sich über die große Auswahl an Lokalen – vom Biergarten bis zur Cocktailbar – freuen, in denen sich (nicht nur) ältere Menschen wohl fühlen. Wenn es Sie zuweilen aus der Stadt zieht, finden Sie Tourenvorschläge, mit deren Hilfe Sie die Region auf eigene Faust entdecken können, und Veranstalter von Nah- und Fernreisen, die Sie nahezu überallhin bringen. Kunst- und Kulturhungrige kommen dabei ebenso auf ihre Kosten wie Naturfreunde. Und alle, die nicht allein unterwegs sein möchten, bekommen Tipps, wie sie Freizeit- und Hobbypartner kennen lernen können.

Auch wenn Sie auf der Suche nach einer längerfristigen Freizeitbeschäftigung sind, werden Sie in diesem Buch fündig. Ob Sie ein neues Hobby ausprobieren, sich ehrenamtlich engagieren oder noch einmal die Schulbank drücken möchten, »Aktiv und endlich Zeit« zeigt Ihnen, wo Sie sich in Ihrer Stadt engagieren oder weiterbilden können. Und damit Sie fit und gesund bleiben, sollten Sie auch das eine oder andere der vorgestellten Sportangebote nutzen, die auf die Bedürfnisse von Senioren zugeschnitten sind.

Unter den vielen Vorschlägen zur Freizeitgestaltung ist bestimmt das passende Angebot für Sie dabei. Blättern Sie weiter und lassen Sie sich inspirieren... Und wenn Sie auf Ihren Streifzügen durch die Region etwas entdecken, was in »Aktiv und endlich Zeit« erwähnt werden sollte, freuen wir uns selbstverständlich über Post von Ihnen.

Hand aufs Herz, wann waren Sie das letzte Mal so richtig nett aus? Bestimmt haben Sie mal wieder Lust auf einen Restaurant- oder Barbesuch, allein oder zu zweit. Falls Sie nicht so recht wissen, wohin, finden Sie auf den nächsten Seiten eine breite Auswahl an Lokalitäten, in denen sich (nicht nur) Menschen jenseits der 50 wohl fühlen.

Wie wäre es z.B. mit einem Essen in einem gediegenen Restaurant, um anschließend den Abend in einer gepflegten Bar bei einem exotischen Cocktail ausklingen zu lassen? Oder möchten Sie lieber vergnügt das Tanzbein schwingen? Suchen sie sich das passende Angebot aus! Alle, die lieber bei Tageslicht unterwegs sind, finden eine ebenso große Auswahl an Cafés und Restaurants, in denen Sie sich tagsüber verwöhnen lassen können: Vom gemütlichen Café, das zur kurzen Erholungspause während des Stadtbummels einlädt, bis zum Tanztee reicht das Gastronomie-Angebot für »Tagaktive«.

Natürlich wurden auch Museen, Kinos und Theater nicht vergessen. Viele Kulturstätten locken wochentags bzw. in den Nachmittagsstunden, wenn der Besucherandrang eher gering ist, mit verbilligten Eintrittspreisen oder Sonderveranstaltungen. Welche Kunst- und Kulturbetriebe solche Vergünstigungen regelmäßig anbieten, lesen Sie auf den Seiten 13 und 14. Und weil Ausgehen zu zweit oder in der Gruppe (oft) mehr Spaß macht als alleine, erfahren Sie in diesem Kapitel auch, wie Sie in Ihrer Stadt Hobby- und Freizeitpartner kennen lernen können.

CAFÉ FASSBENDER

Wer nach dem Einkauf in den exquisiten Läden in der Mittelstraße noch ein wenig sitzen und gucken möchte, ist im Café Fassbender an der richtigen Adresse: Von der Beletage im ersten Stock (mit Aufzug) lässt sich das Treiben entlang Kölns edler Einkaufsmeile ebenso gut überblicken wie von der Straßenterrasse. Im Café Jansen, der Dependance, besticht derweil die Innenarchitektur. Textil an den Wänden und plüschige Sitzgruppen verströmen ein wenig 50er-Jahre-Grandezza. Beide Cafés sind bequem per U-Bahn zu erreichen.

▸ *Mittelstr. 12-14, 50672 Köln (Innenstadt), Tel. 925 99 90. Mo-Fr 9-19, Sa 8-18, So 11-18 Uhr.*
▸ *Filiale: Café Jansen, Obenmarspforten 7-11, 50667 Köln (Innenstadt). Mo-Fr 9-18, Sa 9-18, So 12-18 Uhr.*

BEI D'R TANT

»Bei d'r Tant« steht für gute Stimmung zu jeder Tages- und Jahreszeit. In dem traditionsreichen Lokal fühlen sich Menschen aller Jahrgänge wohl – vorausgesetzt, in ihrer Brust schlägt ein echt rheinisches Herz. Wer das besitzt, wird sich hier sehr gut aufgehoben und bei rheinischen Spezialitäten wie etwa Reibekuchen fast wie zu Hause fühlen. Wie schön, dass das Lokal am Neumarkt für alle Fälle erst nach 22 Uhr schließt.

Cäcilienstr. 28, 50667 Köln (Innenstadt), Tel. 257 73 60. Mo-Sa 11-24 Uhr.

KEIMAKS

Eine Stippvisite im »keimaks« ersetzt die Reise nach Marseille. Denn die große, alte Holztheke des gemütlichen Bistros wurde tatsächlich aus der Hafenin die Domstadt importiert. Ob Frühstück oder Dämmerschoppen, das »keimaks« bietet zu jeder Tageszeit eine relaxed-kultivierte Atmosphäre sowie kleine Leckereien, ausgesuchte Weine und rund 50 Cocktails. Probieren sollten Sie unbedingt die köstliche heiße Schokolade, serviert in einem echten »bol«. Fühlen Sie sich in der Gesellschaft eines jungen oder sehr jung gebliebenen Publikums wohl, werden Sie den Aufenthalt ausgesprochen vergnüglich finden.

Kurfürstenstr. 27, 50678 Köln (Südstadt), Tel. 31 26 70. Mo-Fr 10-1, Sa/So 11-1 Uhr.

CAFÉ REICHARD

Der fantastische Blick auf den Dom ist das Markenzeichen des überaus edlen Cafés mit seiner großen Terrasse. Doch die weiträumige und elegant aufgemachte Lokalität besticht nicht nur durch ihre Lage, auch die Speisekarte überzeugt. Besonders beliebt ist das große Frühstücks- und Mittagsbüfett zu durchaus erschwinglichen Preisen. Derart gestärkt, bricht man von hier aus zu kulturellen Touren auf, denn die größten Kölner Museen sind nur einen Steinwurf weit entfernt.

Unter Fettenhennen 11, 50667 Köln (Innenstadt), Tel. 257 85 42. Tägl. 8.30-20 Uhr.

MODERNE ZEITEN

Das Bistro-Café mitten in der City pflegt einen Stil der klassischen Moderne – mit klaren Formen, zurückhaltenden Farben und einer geschmackvollen Dekoration. Es liegt auf der Hand, dass von solch kultivierter Atmosphäre ein anspruchsvolles, interessantes Publikum angezogen wird. Dank der unmittelbaren Nähe zum WDR finden sich hier viele Fernsehleute ein, um sich eine Kaffeepause zu gönnen. Auf der Karte des geräumigen Lokals stehen rund 20 Standardgerichte sowie wechselnde Tagesangebote mit Fisch, Fleisch und Pasta, die auch größeren Hunger stillen.

Auf dem Berlich 1/Breite Str. 100, 50667 Köln (Innenstadt), Tel. 257 51 71. Tägl. 9-1 Uhr.

ZUM TREPPCHEN

Von dieser urigen Institution in Rheinnähe wird erzählt, dass Ex-Bundespräsident Walter Scheel sie lange Zeit zu seinen Lieblingslokalen zählte. Im »Treppchen« fühlen sich jedoch nicht nur Politiker, sondern auch normale Sterbliche rundum wohl. Den Sommer über trägt der gemütlich-gutbürgerliche Biergarten maßgeblich zur guten Laune bei, im Winter geht es in der rustikalen Kneipe meist hoch her. Ihre Lage macht die Rodenkirchener Adresse fast automatisch zum Ziel jeder Radtour, die am Rheinufer oder am Militärring vorbeiführt.

Kirchstr. 15, 50996 Köln (Rodenkirchen), Tel. 39 21 79. Im Sommer tägl. 9.30-24 Uhr, im Winter tägl. 10.30-24 Uhr.

CAFÉ AM RÖMERPARK

Der romantisch angelegte Römerpark in nächster Nähe ist Namenspatron dieses schönen Cafés. Hier kann man ungestört in Zeitungen blättern oder sich in Kunstbetrachtung üben, denn die Wände sind mit anspruchsvollen Arbeiten eines jungen Künstlers bestückt. Verschiedene Kuchensorten und original italienischer Kaffee, auf vielfältige Weise zubereitet, komplettieren das Bild einer angenehmen Lokalität. Hier fühlen sich Menschen wohl, denen Berührungsängste zwischen den Generationen fremd sind.

Teutoburger Str. 42, 50678 Köln (Südstadt), Tel. 38 61 94. Tägl. 9-24 Uhr.

LANDHAUS KUCKUCK

Kölns gastronomische Führer weisen stets darauf hin, dass Reservierungen hier sehr zu empfehlen sind. Sicherlich ein weiser Rat, denn das »Landhaus Kuckuck« hat zwei große Trümpfe vorzuweisen: seine idyllische Lage am Stadtwald und eine ausgezeichnete Küche. Letztere kann man bei gutem Wetter auf der schönen Terrasse genießen. Während der Wintermonate bietet sich hingegen die edel aufgemachte Gaststube an. Teure Holz- und Ledermöbel und eine üppige Dekoration zeigen allerdings auch an, dass solch ein Ausflug kein ganz preiswertes Vergnügen ist.

Olympiaweg 2, 50933 Köln (Müngersdorf), Tel. 49 31 71. Di-Sa 12-23, So 12-18 Uhr.

DER ALTE LINDENHOF

Freundlich und familiär geht es in der gutbürgerlichen Stube des »Lindenhofs« zu. Die erstklassige Küche ist ein weiterer Grund für einen Ausflug »aufs Land«. Wer die geografischen Gegebenheiten kennt, weiß, dass der Schlodderdicher Weg näher an Köln-Dellbrück als an Bergisch Gladbach liegt. Und so werden die Tische im Lokal häufig von Gästen aus den rechtsrheinischen Stadtteilen Kölns bevölkert, die selten die berühmte rheinische Kontaktfreude vermissen lassen. Da die Beliebtheit der Lokalität ihre Räumlichkeiten weit übersteigt, sollten Sie in jedem Fall einen Tisch reservieren oder im Sommer auf die Terrasse ausweichen.

Schlodderdicher Weg 13, 51469 Bergisch Gladbach, Tel. 02202-519 65. Di-Do 10.30-23, So 10.30-22 Uhr.

CAFÉ & BISTRO MIEBACH

Ein Stück Paris mitten in der ehemaligen Bundeshauptstadt. Das Bistro und Café Miebach bietet alle Voraussetzungen für einen beschwingten Einstieg in den Tag. Mit seinem großen Speiseraum, der durch ein Glasdach mit Tageslicht versorgt wird, den zierlichen Bistrostühlen und einer alten, gusseisernen Jugendstillaterne am Eingang verwöhnt es mit französischem Flair. Nicht zu vergessen die große Terrasse direkt am barocken Rathaus: Bon(n) jour...

Markt 8, 53111 Bonn (Innenstadt), Tel. 0228-69 25 00. Tägl. 9-24, So 10-24 Uhr.

DIEPESCHRATHER MÜHLE

Die Diepeschrather Mühle liegt vor den Toren Kölns mitten im Wald und hat – wie es sich für eine echte Mühle gehört – ein Mühlrad, das von einem murmelnden Bach betrieben wird. In dieser romantischen Umgebung kommen Menschen aller Generationen auf ihre Kosten: Erwachsene freuen sich über die herrliche Lage, den großen Biergarten und die gute Küche. Kinder werden schnell zu Fans des angrenzenden Spielplatzes. So ist die Mühle auch eine gute Adresse für Ausflügler, die mit (Enkel-) Kindern unterwegs sind.

Diepeschrather Weg, 51469 Bergisch Gladbach, Tel. 02202-516 51. Mo 14-24, Di, Mi u. Fr-So 10-22 Uhr.

KLEIMANN AN DER OPER BONN

Diese Konditorei wurde 1895 gegründet und zählt heute zu den wenigen Häusern, die sich seit Generationen in Familienhand befinden. Aus ihrer Patisserie stammen auch die »Bonner Kußmund«-Pralinen und jene Pasteten mit »Bonner Bildern«, die ein beliebtes Touristen-Mitbringsel sind. Doch auch alteingesessene Bonner fühlen sich in dem gemütlichen Café am Rhein überaus wohl. Vielleicht gibt sich ja wieder einmal ein Star aus der benachbarten Oper die Ehre; große Namen tauchen jedenfalls zuhauf im Gästebuch auf.

Rheingasse 16-18, 53113 Bonn (Innenstadt), Tel. 0228-63 34 60. Di-Fr 10-18.30, Sa 10-18, So 11-18 Uhr.

EXTRO

Wer nicht unbedingt im hektischen Treiben der City-Cafés frühstücken möchte oder an lauen Abenden das Ambiente der Bonner Südstadt mit ihren Fassaden aus der Gründerzeit genießen will, der sollte sein Glück im »extro« versuchen. Die schmale, begrünte Terrasse und die beiden kleinen Räume in eher sachlichem Stil verströmen ein ganz eigenes Flair. Zeitschriften und Magazine liegen auf der Fensterbank und laden auch nach Croissant und Marmelade zum Verweilen bei einer zweiten Tasse Kaffee oder Tee ein.

Lessingstr. 50, 53113 Bonn (Südstadt), Tel. 0228-21 57 75. Mo-Sa 9-22, So 10-22 Uhr.

HAUS AM SEE

Gepflegte Gastlichkeit in Verbindung mit kultivierter Natur: In Köln gibt es nur wenige Lokale, die einen ähnlich schönen Ausblick bieten. Im Sommer sind die Plätze auf der großen Terrasse des Lokals heiß begehrt. Wer nicht mit PKW oder Fahrrad kommt, muss einen kleinen Fußmarsch in Kauf nehmen. Von der Haltestelle »Deckstein« (Endstation der Buslinie 146) führt der Weg zum Stadtwald und von da aus Richtung Norden. Kurz vor der zweiten Querstraße biegen Sie nach links ab und folgen dem Weg Richtung Decksteiner Weiher. Nach ein paar Schritten erreichen Sie das »Haus am See«.

Bachemer Landstr. 420, 50935 Köln (Lindenthal), Tel. 43 43 21. Tägl. 10-24 Uhr.

BIERGARTEN AM ALTEN ZOLL

Früher war der alte Zoll ein blinder Fleck auf der Bonner Landkarte. Mit dem Biergarten kehrte wieder Leben an einen der schönsten Orte der Stadt, an dem noch ein alter Kurkonzert-Pavillon von anno dazumal steht. Mit den ersten Sonnenstrahlen wird es hier ziemlich voll, denn die zentrale Lage, der wunderschöne Ausblick auf den Rhein und die herrschaftliche, schattige Platane sind kaum zu überbieten. Doch bei der angenehmen Größe des Gartens, in dem es neben Pils und Weizen Kleinigkeiten für den hungrigen Magen gibt, verlaufen sich die Gäste aller Generationen tagsüber schnell.

Am Brassertufer, 53111 Bonn (Innenstadt), Tel. 0228-24 12 43. Im Sommer tägl. 11-23 Uhr.

BISTRO AM THEATER

Für einen Besuch dieses Bistros gibt es 1001en Grund. So lockt das Haus mitten in der belebten Fußgängerzone nach einem Bummel durch die Godesberger Geschäfte oder den malerischen Stadtpark mit seinen uralten Bäumen. Für Besucher des städtischen Theaters oder der »Kleinen Bühne im Park« gehört ein kurzer Stopp in dieser Lokalität mit ihren einladenden Fensterfronten ohnehin zum Pflichtprogramm.

Theaterplatz 22, 53177 Bonn (Bad Godesberg), Tel. 0228-36 14 17. Mo-Fr 9-19, Sa 9-17 Uhr.

MUSEUMSGESPRÄCHE

Hier legt man Wert auf »Führungsgespräche«. Was zunächst ein bisschen abstrakt klingt, will die Teilnehmer der inzwischen traditionellen Museumsbesuche nicht nur als Zuhörer, sondern auch als Diskussionspartner ansprechen. Treffpunkt für die halbjährlichen Gespräche ist eines der städtischen Museen, in dem unter Umständen gerade eine besonders interessante Ausstellung gezeigt wird. Die Führung beginnt jeweils donnerstags um 15 Uhr. Mehr Informationen enthält ein Heft des Museumsdienstes, das an allen Museumskassen ausliegt oder kostenlos angefordert werden kann.

Museumsdienst Köln, Schaevenstr. 1b, 50676 Köln (Innenstadt), Tel. 221 240 76. Kosten: nur Museumseintritt.

SENIORENTREFF

Seit 25 Jahren bietet das Rheinische Landesmuseum Bildung für »Gleichaltrige und Gleichdenkende«. Wer Interesse an einem Lichtbildvortrag über abendländische Kunst, das UNESCO-Welterbe in Italien oder an literarischen Streifzügen mit der renommierten Autorin Doris Maurer hat, ist hier donnerstags ab 15.30 Uhr bestens aufgehoben. Bis zur Neueröffnung der Museumsbauten gastiert der Seniorentreff in der Volkshochschule.

Großer Vortragssaal der VHS, Wilhelmstr. 34, 53111 Bonn (Innenstadt). Infos: Rheinisches Landesmuseum, Tel. 0228-98 81-154 u. -156. Eintritt frei.

HAUS DER GESCHICHTE DER BRD

Auf allen Etagen des exzellent ausgestatteten Hauses erwachen die vergangenen Jahrzehnte der Bundesrepublik Deutschland in Dokumenten, Objekten und Szenerien wie einem alten Kino oder einem »Stück« Bonner Parlament zum Leben. Alle, die mehr Hintergrundinformationen möchten, können sich den kostenlosen Führungen mittwochs um 17.30 Uhr und sonntags um 11 Uhr anschließen. Manch einen hat das geschichtsträchtige Haus übrigens so begeistert, dass er den nächsten Geburtstag im Café vor der historischen Kulisse feierte.

Adenauerallee 250, 53113 Bonn (Südstadt). Besucherdienst Tel. 0228-916 54 00, Museumspädagogik Tel. 916 51 13, Frau Dennert. Do-So 9-19 Uhr. Eintritt frei.

»ERZÄHL-CAFÉ«

Erzählen, Diskutieren, Experten befragen: Das Bonner »Erzähl-Café« verlangt Neugierde und Beweglichkeit. Dafür nimmt es sich strittigen Themen wie der »heutigen Gesellschaft« und den Folgen des »Berlin-Umzugs« an oder führt Gespräche mit russischen Migranten. Zur Stärkung winken Kaffee und Kuchen, die Teilnahme ist kostenlos. Anschaulich werden die Themen mittels Exkursionen und Studienreisen, die die Teilnehmer gemeinsam planen.

Begegnungsstätte Brüser Berg, Fahrenheitstr. 49, 53125 Bonn (Brüser Berg), Tel. 0228-29 80 96. Jeden 3. Mi im Monat 15-17 Uhr.

LITERATURTREFF

Spaß am Lesen ist eine Voraussetzung für die Teilnahme an den monatlichen literarischen Treffs der Stadtteilbibliothek Braunsfeld. Im offenen Treff wird über Bücher debattiert, die man »immer schon mal lesen wollte«. Zum Beispiel »Der erste Mensch« von Camus. In der Regel muss man sich die Lektüre nicht einmal kaufen, da die Stadtbibliothek mehrere Exemplare besitzt und gegen Vorlage des Mitgliedsausweises ausleiht.

Stadtteilbibliothek Braunsfeld, Aachener Str. 458, 50933 Köln (Braunsfeld), Tel. 400 05 59, Kontakt: Frau Nienkemper u. Frau Rietschel. Teilnahme kostenlos.

THEATERGEMEINDE

Moderne Aufführungen sind nicht immer leicht zu begreifen. Da bietet sich der Service der Theatergemeinden Köln/Bonn geradezu an. Die renommierte Besucherorganisation zieht zum Beispiel einige Wochen nach jeder Bonner Opernpremiere »Zwischenbilanz«. Das Hauptaugenmerk gilt aber nach wie vor den preisgünstigen Abonnements: Mitglieder bekommen die Karten frei Haus und zu ermäßigten Preisen. In beiden Städten gibt es auch Abonnements mit reinen Nachmittagsvorstellungen.

▶ *Büro Köln: Auf dem Berlich 34, 50667 Köln (Innenstadt), Tel. 925 74 20. Jahresabo DM 253 (9 Vorstellungen).*
▶ *Büro Bonn: Bonner Talweg 10, 53113 Bonn (Südstadt), Tel. 0228-91 50 30. Jahresabo DM 387 (10 Vorstellungen).*

KINOCLUB LoCom

Wer gern ins Kino geht und dies ungern allein tut, der findet im »Kinoclub Lo-Com« Gleichgesinnte. Jeden zweiten Donnerstag im Monat treffen sich die Kinofreunde von 15-17 Uhr, um ganz demokratisch über den nächsten Filmbesuch abzustimmen. Auf dem Programm standen bisher u.a. »Elisabeth«, ein üppiger Historienfilm aus dem letzten Jahr, oder cineastische Highlights vergangener Tage, wie sie die Beueler Filmbühne des Öfteren zeigt. Besucht werden übrigens Nachmittagsvorstellungen, damit man bequem vor Anbruch der Dunkelheit wieder zu Hause ist.

SeniorenMedienForum Bonn, Münsterstr. 21, 53111 Bonn (Innenstadt), Tel. 0228-63 73 77 u. 63 76 10, Kontakt: Frau Schmidt u. Frau Onken. Kosten: nur Kinokarte.

REGIO BONN CARD

Bonn hält eine Fülle touristischer Angebote bereit. Einiges davon lohnt sich auch für Einheimische. Zum Beispiel die »Regio Bonn Card«: Sie kostet DM 24 und bietet nicht nur einen Tag lang freie Fahrt mit allen öffentlichen Verkehrsmitteln, sondern auch den kostenlosen Eintritt in 20 Bonner Museen sowie weitere Vergünstigungen. Kaufen können Sie die Karte u.a. in der Tourist-Information und an allen Fahrscheinautomaten.

Infos über: Tourismus & Congress GmbH, Friedrich-Ebert-Allee 26, 53113 Bonn (Innenstadt), Tel. 0228-910 410.

BACCHUS

An warmen Sommerabenden bietet die Terrasse des »Bacchus« einen reizvollen Rahmen für den Dämmerschoppen im Freien. Natürlich ist sie deshalb sehr begehrt, und Weinliebhaber sollten sich beizeiten einen Platz sichern. Aber auch im Winter büßt die liebevoll geführte Weinstube nichts von ihrer Attraktivität ein. Im Angebot sind rund 50 offene Weine, überwiegend aus deutschen Anbaugebieten. Dazu bietet die Küche Kleinigkeiten und größere Gerichte mit Zutaten der Saison. Wein und feine Küche locken ein gemischtes Publikum, dessen Akzent auf nicht mehr ganz jungen Leuten liegt.

Rathenauplatz 17, 50672 Köln (Zülpicher Viertel), Tel. 21 79 86. Mo-Fr 17-1, Sa 18-1, So 18-24 Uhr.

PIANO BAR

Wirklich edel ausgehen lässt es sich in der »Piano Bar« im Maritim. Das große Hotel mit integrierter Ladenmeile liegt direkt am Rhein und bietet einen wunderschönen Panoramablick. So viel gehobene Gastlichkeit verlangt natürlich entsprechende Eleganz, und so begegnet man hier einem Publikum, das sonst in Köln eher selten zu finden ist. Die Bar besticht durch ihre klassische Einrichtung und bietet neben einem erlesenen Repertoire an Cocktails auch Livemusik und einen exquisiten Service.

Hotel Maritim, Heumarkt 20, 50674 Köln (Altstadt), Tel. 20 27-0. Tägl. 19-3 Uhr.

BÜRGERZENTRUM ALTE FEUERWACHE

Die Alte Feuerwache ist nicht nur als Bürgerzentrum eine gute Anlaufadresse. Auch das Lokal des alten Backsteingebäudes verdient besondere Aufmerksamkeit: Es bietet neben seiner bemerkenswerten Architektur aus dem letzten Jahrhundert eine ganz ausgezeichnete Küche. So zieht die gastronomische Attraktion im »Veedel«, die auch Platz für größere Gruppen bietet, ein Publikum zwischen sechs und sechzig an.

Melchiorstr. 3, 50670 Köln (Agnesviertel), Tel. 739 10 73. Tägl. 10-1 Uhr.

EM BIRKEBÄUMCHE

Seine Beliebtheit bei Jungen und Junggebliebenen verdankt das »Birkebäumche« unter anderem der idyllischen Lage am Beethovenpark und einem Biergarten, der sich unter großen Kastanien erstreckt. Er bietet rund 300 Plätze, die bei gutem Wetter schnell belegt sind. Daneben tragen die kultivierte und dennoch schwungvolle Atmosphäre und das gute kulinarische Angebot zu einer stets gefüllten Gaststube bei. Dabei ist das Publikum durchaus gemischt und vereinigt Studenten und ältere Viertelbewohner. Die Kellner behandeln alle gleich freundlich, auch wenn es im Sommer wegen des großen Andrangs in der Küche mal ein wenig länger dauern sollte.

Neuenhöfer Allee 65, 50935 Köln (Sülz), Tel. 43 39 07. Tägl. 10-1 Uhr.

EM GOLDE KAPPES

Vis-à-vis zur U-Bahn-Haltestelle Flora-straße liegt dieses Brauhaus, das zu Nippes gehört wie das Hofbräuhaus zu München. Hier treffen sich Anwälte und Anstreicher, Pennäler und Pensionäre zum Dämmerschoppen und zum Klönen. Und da »Em Golde Kappes« das echt kölsche Herz schlägt, herrscht eine kontaktfreudige Stimmung. Auf der Karte stehen Kölsch, Andechser Klosterbräu, alkoholfreies Bier, 17 verschiedene Weinsorten, eine gute Auswahl an Schnäpsen und deftige Hausmannskost.

Neusser Str. 295, 50733 Köln (Nippes), Tel. 73 49 32. Mo-Sa 10-24 Uhr.

GEORGE SAND

Das »George Sand« gilt als Anlaufstelle für »sapphische Frauen«. So nennt Inhaberin MA Baumgart ihre Geschlechtsgenossinnen, die in der Liebe mit Männern wenig anfangen können. Es ist aber keinesfalls gerechtfertigt, das Lokal auf diesen Aspekt zu reduzieren. In dem kultivierten und dennoch familiären Ambiente ist jede Frau willkommen – auch in männlicher Begleitung. Die charismatische Chefin bewirtet ihre Gäste nicht nur, sie integriert sie. Nicht selten ergeben sich dank ihrer Vermittlung interessante Gespräche. Wer sich für Frauenthemen, Lesungen oder Konzerte interessiert, darf sich hier wie in einem zweiten Wohnzimmer fühlen.

Marsilstein 13, 50674 Köln (Innenstadt), Tel. 21 61 62. Mi, Fr, Sa 20-3; Do, So 20-1 Uhr.

LOMMERZHEIM

Begriffe wie Styling oder Design sind dem Wirt dieser Gaststätte unbekannt. Dennoch ist sein Etablissement auf der »schäl Sick« jeden Abend bis auf den letzten Platz ausgebucht. Aus Erwägungen der Bequemlichkeit oder Ästhetik kommt allerdings kein Mensch hierher. Vielmehr geht es um die urkölsche Atmosphäre, in der keiner lang allein bleibt, und um die sagenhaften Essensportionen. Das »Lommerzheim« ist die richtige Adresse für Leute, die inmitten eines bunt gemischten Publikums »Levve live« erleben möchten.

Siegesstr. 18, 51679 Köln (Deutz), Tel. 81 43 92. Tägl. 11.30-14 u. 16.30-0.15 Uhr.

WEISSER HOLUNDER

Für junge Leute ist er Kult, für ältere ein Stück Erinnerung: Im »Weißen Holunder« wird das Nierentisch-Design innig gepflegt und die Schlager und Evergreens der 50er- bis 60er-Jahre haben die Wurlitzer Musicbox nie verlassen. Diese Mischung zieht ein wirklich buntes Publikum an. Der Wirt allerdings kümmert sich ganz besonders um ältere Gäste, die teils seit langen Jahren zum Stammpublikum zählen. Wenn es etwa an Karneval extrem hoch hergeht, sorgt er nach Auskunft eingefleischter »Holunder-Fans« stets dafür, dass sich niemand an den Rand gedrängt fühlt.

Gladbacher Str. 48, 50670 Köln (Innenstadt), Tel. 51 34 75. Di, Sa, So 11-1; Mo, Mi, Do, Fr 16-0.30 Uhr.

KÜPPER'S BRAUHAUS

Im Sommer erweist sich besonders der großzügige Biergarten des Brauhauses als Publikumsmagnet. Blickfang ist ein Braukessel aus Kupfer, der zum Brunnen umfunktioniert wurde. Auf großes Interesse stoßen aber auch das frisch gebraute Kölsch und die deftigen Speisen, die die Gäste sich an einem großen Buffet aussuchen können. Im »Küpper's« kommt auch der Geist auf seine Kosten. In regelmäßigen Abständen finden Comedy-, Kleinkunst- oder Jazzveranstaltungen statt. Und wenn die Biergartenzeit vorüber ist, verlagert sich das Treiben in die rustikale Gaststube.

Alteburger Str. 157, 50968 Köln (Südstadt), Tel. 934 78 10. Tägl. 11-1 Uhr.

MAXIM

Das große, gediegene Tanzcafé vermutet man so eigentlich nicht in der Kneipenmeile der Altstadt. Tatsächlich macht das »Maxim« seinem Namen aber alle Ehre und bietet nicht nur bequeme Fauteuils, sondern auch eine kleine Bühne für wechselnde Live-Bands (gemäßigte Disco-, Foxtrott- oder Jazz-Klänge) und ausrreichend Platz zum Tanzen. Eine Überraschung ist auch die Speisekarte mit ihren so gar nicht noblen Preisen. Jeden Sonntag wird um 16 Uhr zum Tanztee gebeten.

Maxstr. 18-20, 53117 Bonn (Altstadt) Tel. 0228-65 77 99. Di-Sa 20-3, So 16-3 Uhr; im Sommer ab 10 Uhr Terrasse. Salat mit Putenbrust und Mozzarella DM 11.

ALTER WARTESAAL

Hier gilt in Umkehrung einer alten Devise das Motto »Außen pfui, innen hui«. Die Unterführung, die zum Restaurant führt, gehört zu den traurigen Kapiteln moderner Architektur. Sobald die Schwelle passiert ist, ändert sich jedoch die Szenerie: Glänzende Parkettböden, Stuckdecken, Jugendstildekor und einladend gedeckte Tische bilden einen würdigen Rahmen für gelungene kulinarische Kreationen. Nicht umsonst findet Alfred Biolek mit seinen Gästen gerne den Weg hierher. Und auch Philharmoniebesucher gönnen sich nach dem Konzert noch einen Ausflug in das Restaurant des »Alten Wartesaals«. Das signalisiert: Wer sich hierher begibt, sollte das »kleine Schwarze« tragen – und im Vorfeld einen Tisch bestellen!

Johannisstr. 11, 50668 Köln (Innenstadt), Tel. 912 88 50. Tägl. 18-1, So auch 10.30-15 Uhr.

OPERA

Gleich neben der Bonner Oper kann man sich nach der »Entführung aus dem Serail« stärken oder den letzten Klängen von »Aida« lauschen. Die türkischen Spezialitäten des wunderschön eingerichteten Hauses, in dem sich nach der Vorstellung ganze Ensembles treffen, reichen vom kleinen Snack bis zum ausgiebigen Brunch.

Kapuziner Str. 13, 53111 Bonn (Innenstadt), Tel. 0228-63 57 27. Tägl. 11-1 Uhr.

WISSEN & KONTAKT

Die Kölner Volkshochschule ist etwas wirklich Gutes eingefallen: Sie schafft kostenlos Kontakte zwischen Menschen, die ihr Wissen und Können weitergeben und solchen, die etwas lernen möchten. Das reicht von Briefmarken über Sprachen bis hin zum Umweltschutz. Der individuelle Unterricht hat schon viele Freundschaften geknüpft. Darüber hinaus bietet die Wissensbörse aber auch Anzeigen, in der Gleichgesinnte für gemeinsame Unternehmungen wie Spaziergänge oder ganz einfach Konversationspartner gesucht werden.

VHS-Wissensbörse, Wiener Platz 2a, 51065 Köln (Mülheim), Tel. 221 29 97 28.

SENIOREN-BÖRSE

Mal ehrlich: Ohne einen netten Plausch im Anschluss sind Kino und Theater doch nur halb so schön. Aus diesem Grund erscheinen im »Börsenbrief« alle drei Monate mehr als 500 Anzeigen. »Gefahndet« wird nach Menschen, die gemeinsame Hobbys pflegen oder ähnliche Interessen hegen. Das kann eine Reise ins Gebirge sein, Woody Allens neueste Komödie oder die Begeisterung für einen »Sommernachtstraum« auf der Bühne. Die Offerten werden von der Zeitschrift »Senioren-Echo« gesammelt und können mit einem frankierten DIN-A5-Umschlag (DM 3) mit Rücksendeadresse angefordert werden.

Bonner Altenhilfe, Flemingstr. 2, 53123 Bonn (Duisdorf), Tel. 0228-79 81 26.

GEMEINSAM AKTIV

Langeweile kommt garantiert nicht auf, wenn Sie sich dieser Kölner Seniorengemeinschaft anschließen. Deren Programm enthält ausgesprochen attraktive Möglichkeiten zur Freizeitgestaltung. Neben Wandern, Schwimmen und gemeinschaftlichen Ausflügen spielt man hier zum Beispiel auch Theater. Über die sportlichen und kulturellen Aktivitäten knüpfen Sie leicht neue Bekanntschaften und planen gemeinsame Unternehmungen, die über das Vereinsprogramm hinausgehen.

Kölner Seniorengemeinschaft für Sport und Freizeit e.V., Anton-Antweiler-Str. 10, 50937 Köln (Sülz), Tel. 943 81 40. Kosten: DM 15 pro Monat.

JUNGE ALTE E.V.

Wer diesem Verein beitritt, muss bereit sein, etwas Verantwortung zu übernehmen. Denn von den Mitgliedern wird Eigeninitiative und ein finanzieller Beitrag (DM 60 pro Jahr) und/oder eine Eigenleistung erwartet. Das ist längst nicht so streng, wie es sich anhört, trägt aber dazu bei, dass viele Menschen hier »auf neuem Kurs in die 3. Lebensphase« steuern. So lautet das Motto des Vereins, der schöne Räume in der linksrheinischen Rampe der Hohenzollernbrücke angemietet hat. Und bei den vielfältigen gemeinsamen Aktivitäten erschließen sich schnell neue Kontakte.

Feldbergstr. 9, 51105 Köln (Deutz), Tel. 880 00 15. Aktivitäten zum Selbstkostenpreis.

Tagesausflüge oder Kurzreisen sind genau das Richtige, wenn Sie plötzlich das Bedürfnis nach Abwechslung vom Alltag haben. Bevor Ihnen »die Decke auf den Kopf fällt«, sollten Sie sich von den Tipps und Angeboten auf den folgenden Seiten anregen lassen.

Wie wäre es z.B. mit einer kleinen Spritztour in die nähere oder weitere Umgebung, bei der Sie sich um (fast) nichts kümmern müssen? Unter der Überschrift »Einfach mitfahren« finden Sie Veranstalter, die ein breites Spektrum an Ausflügen und Kurzreisen im Programm haben. Egal, ob Sie es eher bequem lieben und eine Fahrt mit ausgearbeitetem Tagesprogramm im komfortablen Reisebus bevorzugen, ob Sie lieber auf Schusters Rappen unterwegs sind und mit Gleichgesinnten zu einer Wanderung aufbrechen oder ob Sie sich für ein paar Stunden einem Stadtrundgang anschließen möchten – für alle Ausflugswünsche gibt es den passenden Veranstalter. Auch an Unternehmungslustige, die nicht mehr so gut zu Fuß sind, ist gedacht: Einige Veranstalter holen ihre Kunden direkt zu Hause ab und fahren Sie wieder bis vor die Tür.

Sind Sie lieber auf eigene Faust unterwegs? Dann heißt es, Fahrrad aus dem Keller holen bzw. Wanderschuhe anziehen, um auf den vorgeschlagenen Routen die Region zu erkunden. Neben der ausführlichen Streckenbeschreibung und der Anfahrt zum Ausgangspunkt (nach Möglichkeit mit öffentlichen Verkehrsmitteln) sind bei jeder Tour auch Einkehrmöglichkeiten und Besichtigungstipps angegeben.

RADTOUREN

Ob Nachwuchs-Ullrich oder Anfänger, der ADFC hat für jede Leistungsstufe reizvolle Touren parat. Bedingung ist die Freude am Fahrradfahren. Mitradelnde sind bei den kostenlosen Touren stets willkommen – auch wenn sie nicht zum Verein gehören. Für Viel-Radler ist eine Mitgliedschaft (DM 70 pro Jahr) jedoch empfehlenswert. Sie enthält u.a. eine Haftpflichtversicherung, damit man die Folgen möglicher Zusammenstöße nicht aus eigener Tasche bezahlen muss.

▸ *ADFC, Kreisverband Köln, Fahrradbüro: Im Sionstal 8, 50678 Köln, Tel. 32 39 19. Di, Do 17-19, Mi 10-12, Sa 10-13 Uhr.*
▸ *ADFC, Kreisverband Bonn, Fahrradbüro: Weyerstr. 16a, 53111 Bonn, Tel. 0228-300 15.*

FRAUENGESCHICHTE

Auf welche Ursprünge gehen Karneval und Weiberfastnacht zurück? Solchen Fragen zur Kölner Frauengeschichte hat sich der Frauengeschichtsverein verschrieben. Antworten erhält man auf Führungen durch die Viertel der Stadt, bei denen natürlich auch Männer willkommen sind. Unter dem Motto »Von Rheintöchtern, Schifferinnen, Badenixen und Kindsmörderinnen« veranstaltet der Verein seit rund einem Jahr auch eine »Historische Bootstour nur für Frauen«, die sich besonders für alle eignet, die nicht so gut zu Fuß sind.

Frauengeschichtsverein, Marienplatz 4, 50676 Köln (Innenstadt), Tel. 240 35 87. Di u. Do 10-15 Uhr. Historische Bootsfahrt DM 32.

WANDER-FAHRTEN

Der Alpenverein ist nicht nur in den Alpen aktiv, sondern hat in ganz Deutschland Niederlassungen. Die Kölner Filiale ist eine der ältesten in NRW und stolz auf ihre 5.000 Mitglieder. Sie betreibt neun Gruppen, die sich verschiedenen Sparten des Wanderns verschrieben haben. Besonders waghalsig lieben es die Radler, die sich gemeinsam schon mal die vierte Etappe der Tour de France vornehmen. Bedingt Ehrgeizige schließen sich der Touren-, der Weitwander- oder auch jener Wandergruppe an, die regelmäßig Ausflüge in die nähere Umgebung Kölns unternimmt.

Deutscher Alpenverein (DAV), Sektion Rheinland-Köln, Clemensstr. 5-7, 50676 Köln (Innenstadt), Tel. 240 67 54. Di, Do, Fr 15.30-18.30 Uhr. Jahresbeitrag DM 95.

REISEN MIT HANDICAP

Mit dem Reisedienst des Malteser Hilfsdienstes können Behinderte und Nichtbehinderte in die Ferne (Rom, Südtirol, Holland) schweifen oder sich die Sehenswürdigkeiten und Naturschönheiten der näheren Umgebung ansehen. In der Weihnachtszeit werden Krippenfahrten oder Touren durch das weihnachtlich geschmückte Köln organisiert. Für Heimatverbundene eignet sich die Stadtrundfahrt in kölscher Mundart.

Malteser Hilfsdienst, Stolberger Str. 319, 50933 Köln (Braunsfeld), Tel. 94 97 60 14, Kontakt: Herr Schwamborn o. Herr Wirtz. Stadtrundfahrt DM 25 p.P.

DURCH DIE EIFEL

Der Eifelverein bemüht sich um eine umwelt- und sozialfreundliche Entwicklung der Eifel. Mitglieder erhalten u.a. ermäßigten Eintritt in Kulturdenkmäler dieser schroff-schönen Region. Außerdem ist man hier auf Gemeinschaftsgefühl und ein »sinnstiftendes Element des Gebrauchtwerdens« bedacht. Das kann durch eine Betätigung als Naturschützer, Heimatkundler oder Wanderführer geschehen. Hauptaktivität ist natürlich das Wandern. Dabei geht es nicht nur in die Eifel. Streifzüge durch die nähere Umgebung oder den Westerwald stehen ebenso auf dem Programm wie Wandern in Kanada, auf Zypern oder Gomera.

Eifelverein OG Köln, Kontakt: Annmarie und Walter Mennicken, Wiethasestr. 54, 50933 Köln (Lindenthal), Tel. 497 14 96.

REISEN FÜR ALLE

Die Arbeiterwohlfahrt ist Spezialistin auf dem Gebiet nichtkommerzieller Reiseveranstaltungen. Davon profitieren u.a. Schüler, die einen Sprachurlaub im Ausland antreten möchten. Die Erfahrungen, die die Veranstalter dabei sammeln, kommen nicht zuletzt der älteren Generation zugute. Ihr bietet die AWO sowohl Ferienreisen in wohlfahrtseigene Häuser als auch Kurztrips in die nähere Umgebung an, die sich besonders fürs schmale Portemonnaie eignen.

Arbeiterwohlfahrt, Rubensstr. 7-13, 50676 Köln (Innenstadt), Tel. 204 07-12 u. -0. 8 Tage Malta inkl. Flug, HP DM 987.

RUND UM KÖLN

Der Heimatverein Alt-Köln ist nicht nur in Köln aktiv. Er organisiert auch Fahrten in die Umgebung, so nach Schloss Homburg oder ins Hohe Venn. Es stehen aber auch Führungen durch kölsche Sehenswürdigkeiten an, teilweise unter der Regie prominenter Leiter. So begleitet Zoodirektor Professor Nogge die »Alt-Kölner« durch den Tierpark. Neben Tagesausflügen realisiert der Heimatverein auch kulturelle Abende oder Matineen, in deren Mittelpunkt häufig Mundart-Autoren stehen.

Verein zur Pflege kölnischer Geschichte, Sprache und Eigenart, Vor den Siebenburgen 29-31, 50676 Köln (Südstadt), Tel. 680 54 90. Jahresbeitrag DM 40.

WANDERN IN DER UMGEBUNG

Mit Lust und Liebe, aber ohne Siebenmeilenstiefel wandern die rüstigen Mitglieder an jedem ersten Freitag im Monat. Das Siebengebirge, die Kasseler Heide oder die Löwenburg gehören zu den Zielen der ausgedehnten Spaziergänge, die rund zweieinhalb Stunden dauern und bei jedem Wetter stattfinden. Am Ende der Touren, an denen zwischen acht und 28 Spaziergänger teilnehmen, winken jedesmal schöne Lokale. Denn auch Geselligkeit genießt hier einen hohen Stellenwert.

Wandergruppe Bonn, Kontakt: Frau Roloff, Tel. 0228-48 17 69, Herr Struckholt, Tel. 0228-25 33 63. Teilnahme kostenlos.

REISEN & GENIESSEN

Seit kurzem bietet Shawn Mc Bride individuelle und ganz außergewöhnliche Reisen an. Sie haben u.a. Antwerpen mit seinen opulenten Raumausstattungen des 17. bis 20. Jahrhunderts, Gärten als landschaftliche Highlights (ab 2000 auch in England) oder das Elsass zum Ziel. Die Reisegruppen sind klein und überschaubar, die Ansprüche des familiären Reiseunternehmens hoch, aber realisierbar: »Wir reisen nicht mit dem Brockhaus unterm Arm, vielleicht mit dem Baedecker in der Tasche. Am Ende des Tages wartet der gedeckte Tisch, der ideale Ort für ein gutes Gespräch.«

Mc Bride Travel In Company, Burg Mahlberg, 77972 Mahlberg, Tel. u. Fax 07825-86 45 58. 3 Tage Antwerpen inkl. Fahrt, Ü/F ab DM 700.

MONDSCHEINFAHRT

Mit Volldampf geht es auf eine romantische Mondscheinfahrt (ab 19 Uhr) durch das Brohltal. Nach einer kleinen Wanderung warten ein deftiges Eifeler Abendessen und der »Vulkan-Express«, mit dem es durch die Nacht zurück zum Brohler Bahnhof geht. Die Brohltalbahn hält neben solchen Extra-Touren auch einen ganz normalen Fahrplan bereit. Für ein paar Mark kann man im Sommer nach Bad Tönisstein, Niederzissen oder Engeln fahren.

Kapellenstr. 12, 56651 Niederzissen, Tel. 02636-803 03. Fahrplanansage: 02636-805 00. Mondscheinfahrt DM 47.

STUDIENREISEN

Wenn Sie an einer Kulturreise des Bonner Kunstvereins teilnehmen möchten, müssen Sie Vereinsmitglied sein. Der jährliche Beitrag von DM 100 ist durchaus zu verkraften und beschert Vorteile wie Jahresgaben namhafter Künstler zum Vorzugspreis. Die anspruchsvoll-unterhaltsamen Vereinstouren führen u.a. nach Gent, Antwerpen oder Brüssel und sind mit dem Besuch großer Ausstellungen (z.B. van Dyck) verknüpft. Neu eröffnete Museen stehen ebenso auf dem Programm wie Galerien-Rundgänge oder Themen zur Denkmalpflege.

Bonner Kunstverein, August-Macke-Platz/ Hochstadenring 22, 53119 Bonn (Altstadt), Tel. 0228-69 39 36. 3 Tage Brüssel, Antwerpen, Gent inkl. Fahrt, Ü/F DM 430.

BONNTOUREN

Wer kennt die eigene Stadt tatsächlich wie seine Westentasche? Haben Sie Bonn schon einmal von oben gesehen? Im Rahmen der »BonnTouren« bietet das Ballon-Team eine himmlische Reise per Heißluftballon an. Mehr als eine Stunde schwebt man lautlos über die Rheinlandschaft hinweg, um anschließend das »Landungsfest« mit einer zünftigen Ballontaufe zu feiern. Mit beiden Beinen auf dem Boden steht dagegen »Schwaade«-Meister Toni Röder, der auf bönnsch durch den botanischen Garten oder historische Stadtteile führt.

c/o Bonn-Information, Windeckstr. 9, 53111 Bonn (Innenstadt), Tel. 0228-77 50 00. Mo-Fr 9-20, Sa 9-16, So 10-14 Uhr. Bönnscher Spaziergang DM 20.

AUF DEN SPUREN DES NEANDERTALERS

Wanderung – Dauer: ca. 4 Std. – Anfahrt: Ab Düsseldorf Hbf. S 8 bis Haan-Gruiten. Per PKW A 3 bis AK Hilden, A 40 Ri. Wuppertal bis Haan/Hochdahl, über Haaner Straße bis Alt-Hochdahl – Rückfahrt: S 8 ab Haan-Gruiten bis Hochdahl

Die kleine »Zeitreise« ins Düsseldorfer Neandertal schafft man weder als Kölner noch als Bonner komplett zu Fuß. Bis zum Rastplatz Neandertal, an dem die Wanderung beginnt, gelangt man entweder mit dem Auto oder per Bahn. Von dort ist es ein Katzensprung ins Neandertal-Museum, das nicht nur architektonisch reizvoll gestaltet ist, sondern auch über ein sehr modernes Präsentationskonzept verfügt: Statt staubig aufbereiteter Prähistorie warten hier fünf spannende Themenkomplexe, die die Besucher selbst erkunden dürfen. So stößt man im Museum beispielsweise auf einen Berg von Knochen, der anschaulich machen soll, was ein altes Massengrab beherbergt hat.

In unmittelbarer Nachbarschaft lockt das eiszeitliche Wildgehege mit Tarpanen, Wisenten und Auerochsen. Die Wanderung führt an den Urviechern vorbei zur Düssel, die sich kurvenreich in die bergische Landschaft schmiegt. Aus dem Schotterweg wird rasch ein Waldpfad, von dem man so gut wie nicht abkommen kann – und auch nicht sollte, da das Neandertal ein ausgewiesenes Naturschutzgebiet ist. Dafür wird man mit himmlischer Ruhe und vielleicht auch dem Anblick seltener Waldbewohner belohnt. Wer die Winkels-

mühle mit ihrem Teich und dem alten Mühlrad erreicht, hat etwa die Hälfte der Strecke bewältigt. Verdientermaßen ruht man sich nun in der nahe gelegenen Gaststätte »Im kühlen Grund« aus und folgt anschließend dem weiteren Verlauf des Flusstals. Matte Wanderer biegen dagegen an der Schutzhütte kurz hinter der Winkelsmühle Richtung Haan-Gruiten ab und nehmen die Abkürzung über den Ort Lindenbeck. Zwar ist die romantische Tour entlang der Düssel allemal schöner, doch auch Gruiten lockt mit Sehenwürdigkeiten, für die man ein wenig Zeit haben sollte: Hier findet sich zum Beispiel der große Reiterhof »Im Grund« aus dem späten 14. Jahrhundert oder der urige Bauerngarten vom Haus »Am Quall«. Einst war dieses Haus ein Wehrhof mit Fluchtturm, weshalb es über beeindruckend dicke Wände verfügt. Der Ausflug in die Vergangenheit endet schließlich in einem der zahlreichen Gruitener Lokale wie dem »Wiedenhof« oder gleich im bequemen Abteil der S-Bahn, die einen von Haan-Gruiten zurück nach Hochdahl bringt.

▶ *Neandertal-Museum, Thekhauser Quall, 40699 Erkrath, Tel. 02104-97 97 15. Di-So 10-18 Uhr.*

▶ *Im kühlen Grund, Frinzberg 2, 42781 Haan, Tel. 02104-614 63. Mi-Fr 16-22, Sa u.So 11-22 Uhr.*

▶ *Wiedenhof, Pastor-Vörnel-Str. 30, 42781 Haan, Tel. 02104-96 95 63. Mo, Di, Do, Fr 16.30-22, Sa u. So 11-22 Uhr.*

▶ *Weitere Informationen und detaillierte Wanderkarten: Verkehrsverein, Neanderstr. 77, 40822 Mettmann, Tel. 02104-98 37 47.*

SPAZIERGANG IM VORGEBIRGE

Spaziergang – Streckenlänge: ca. 8 km – Anfahrt: Walberberg Stadtbahn Linie 18 – Rückfahrt: Merten Stadtbahn Linie 18

Dass das nahe Vorgebirge mehr ist als eine schöne Kulisse für die Stadtbahnlinie 18, beweist ein sommerlicher Spaziergang, der an der Haltestelle Walberberg etwa auf halber Strecke zwischen Köln und Bonn beginnt. Man überquert die Walberberger Straße, die parallel zum Gleis verläuft, in Richtung der lang gestreckten Hänge und weiß plötzlich, warum das mäßig hohe Vorgebirge seinen etwas hochtrabenden Namen trägt: Der Weg, der uns zur Walberberger Hauptstraße bringt, steigt denn doch ordentlich an. Er endet vor einem spitzwinkligen »Hexenhaus«, an dem Sie sich nach rechts wenden, wenn Sie die einstige Wasserburg auf dem Kamm besuchen wollen. 1925 wurde sie von den Dominikanern erworben und zum Kloster mit einer Akademie ausgebaut. Dass dieser Umbau leider nicht besonders sensibel geschehen ist, wird Ihnen spätestens dann auffallen, wenn Sie die wunderschön restaurierten Fachwerkhäuser entlang der Hauptstraße entdecken.

Ein Stück zurück, und Sie befinden sich an der Enggasse, der Sie parallel zur Hauptstraße bis St. Walburga folgen. Die schmucke Pfarrkirche stammt bis auf den Turm, der in den 60er-Jahren neu gebaut wurde, aus dem 11. bis 13. Jahrhundert. Errichtet wurde sie aus dem Abbruchgestein einer römischen Wasserleitung. Ein Stück der antiken Infrastruktur steht noch am Wegesrand. Von der Enggasse biegen Sie in die Oberstraße ein und stoßen nach kurzer Zeit auf die private Kitzburg, die man leider nur aus einiger Entfernung bewundern kann. Nach einer Atempause lassen Sie das elegante Herrenhaus hinter sich, überqueren den Siebenbach und halten sich an der nächsten Kreuzung links, um der hiesigen Mühle einen Besuch abzustatten.

Freunde kurzer Strecken biegen an der nächsten Weggabelung nach links und erreichen den Schneeberg auf direktem Weg. Die anderen passieren mehrere Fischteiche und einen Ringwall, hinter dem sie sich scharf nach links orientieren, um ebenfalls auf dem gut 150 Meter hohen Schneeberg zu landen. Der entschädigt für die Klettertour mit einem kleinen Rastplatz und großartiger Aussicht. Fast in Luftlinie führt dann der Pfad vom Berg nach Merten durch ein Stück Heidelandschaft. Der Ort hat zwar nicht viele alte Häuser aufzuweisen, entschädigt aber mit der romanischen Martinskirche am Ende der Martinusstraße. An die Kirche schließt ein kleiner Friedhof mit dem ehemaligen Portal der Mertener Ritterburg an. Sein Besuch lohnt in jedem Fall, schließlich liegt hier ein großer deutscher Schriftsteller begraben: Heinrich Böll. In Merten selbst können Sie zu guter Letzt in der Gaststätte »Zur Heide« einkehren. Von dort gelangen Sie rasch zur örtlichen Haltestelle der Stadtbahn.

▶ *Zur Heide, Rüttersweg 129, 53332 Bornheim-Merten, Tel. 02227-65 35. Mo-Fr 16-1, Sa u. So 10.30-14 u. 17-1 Uhr.*

ERHOLUNG IM WINDECKER LÄNDCHEN

An- u. Rückfahrt: Mit der Bahn von Hbf. Köln üb. Betzdorf-Siegen bis Bf. Dattenfeld

Windeck liegt im südöstlichen Teil von Nordrhein-Westfalen, an der Grenze zu Rheinland-Pfalz. Hier begegnen sich Westerwald, Bergisches Land, Siegerland, Sauerland und Rheinland. In den vergangenen Jahren hat sich das Windecker Ländchen zum beliebten Erholungsgebiet für gestresste Großstädter gemausert. Charakteristisch für die Gegend um Windeck, Dattenfeld, Schladern und Herchen sind die stark gewundenen Flussschleifen der Sieg, die die Wiesen und Wälder auf 35 Kilometer Länge in großem Bogen durchlaufen.

Das Windecker Ländchen gehört zu den industriearmen Erholungsgebieten mit weitgehend unberührter Natur und wird zugleich von einem dichten Netz von Wanderwegen durchzogen. Alles in allem bieten sich 250 Kilometer schöner Pfade für Wanderfreudige an. Zwei Freizeitparks, ein Hallen- und ein Freibad, Tennis,- Tischtennis- sowie Minigolfanlagen sorgen unter anderem dafür, dass auch Wandermuffel die Gelegenheit zu kurzweiliger Freizeitbeschäftigung haben. Kutsch- und Planwagenfahrten, Bootsverleihe in Herchen und Dattenfeld versprechen weitere Attraktionen. Wer mit seinen Enkeln unterwegs ist, wird möglicherweise durch einen Besuch des Reit- und Fahrvereins in Windeck-Hurst Pluspunkte seitens der Jugend verbuchen können. Das Hotel »Bergischer Hof« in Windeck-Schladern oder das Hotel »Burgcafé« in Windeck-Dattenfeld gehören zur ebenso gepflegten wie beschaulichen Gastrolandschaft dieser Region. Bei der Planung helfen zwei Verkehrsvereine. Hier können Interessierte auch Wanderkarten erwerben oder bereits im Vorfeld ihres Ausflugs einen Führer buchen. Vom Bahnhof Dattenfeld aus erreichen Kultur- und Wanderfreunde auch das heilklimatische Städtchen Nümbrecht. Sein Aushängeschild ist Schloss Homburg. Es enthält unter anderem ein Museum, das Zeugnisse mittelalterlicher Geschichte zur Schau stellt. So kann der Besucher in der Rüstkammer neben Hellebarden, Schwertern, Degen und Vollrüstungen auch ursprüngliche Feuerwaffen begutachten, die im frühen 15. Jahrhundert bis zu 30 Kilo wogen. Das Schloss befindet sich inmitten einer idyllischen Waldlandschaft. Auf dem Gelände können die Besucher auch an einer einstündigen Entdeckungsrallye teilnehmen, bevor sie sich in der »Burgschänke« von den Strapazen erholen.

▸ *Verkehrsverein Windecker Ländchen e.V., Rathausstr. 12, 51570 Windeck-Rosbach, Tel. 02292-194 33. Mo-Mi 8.30-15.30, Do 8.30-17.30, Fr 8.30-12.30 Uhr und Siegtalstr. 39, 51570 Windeck-Herchen, Tel. 02243-30 96. Tägl. 8.30-12.30 Uhr.*

▸ *Reit- und Fahrverein, An der Reiterstr., 51570 Windeck-Hurst, Tel. 02292-10 59.*

▸ *Hotel Bergischer Hof, 51570 Windeck-Schladern, Tel. 02292-22 83. Di-Sa 12-15 u. 17-22, So 12-15 Uhr.*

▸ *Burgcafé, Hauptstr. 82, 51570 Windeck-Dattenfeld, Tel. 02292-27 33. Di-So 12-21 Uhr.*

▸*. Schloss Homburg, 51588 Nümbrecht. April-Okt: Di-Sa 10-17, So 10-18 Uhr.*

ZU HÖHLEN & HEILQUELLEN

Wanderung – Dauer: ca. 2 Std. – An- u. Rückfahrt: Mit dem Auto A 4 Ri. Olpe bis Abf. Olpe/Dortmund, A 45 Ri. Dortmund bis Abf. Attendorn. Mit dem Zug ab Hbf. Köln üb. Hagen u. Olpe bis Bf. Attendorn

Mit dem Auto gelangt man schnell in das Sauerland-Städtchen Attendorn. Wer öffentliche Verkehrsmittel bevorzugt, muss mehr Zeit einplanen: Erst nach rund dreistündiger Bahnfahrt erreichen Besucher von Köln aus den Bahnhof Attendorn. Aber schon die erste Ansicht des malerischen Städtchens zeigt, dass sich die Reise gelohnt hat.

Unweit des Bahnhofs liegt die Atta-Höhle, die nach einer Sagengestalt benannt ist. Der Weg dorthin ist ausgeschildert. Interessierte können sich die Tropfsteinhöhle auf einem rund 40-minütigen Rundgang mit Führung erschließen. Dabei lernen sie 100 Meter unter der Erde rund 30 verschiedene Grotten des Kalkstein-Paradieses kennen. Individuelle Führungen durch die größte und dem Vernehmen nach auch schönste Höhle des Sauerlandes werden für Gruppen nach Absprache durchgeführt. Bevor es unter Tage geht, können die Wanderer dem »Café Harnischmacher« einen Besuch abstatten. Das Traditionshaus ist vor allem für die »Attendorner Isarköppe« berühmt: Nach Angaben eingeschworener Sauerlandfans schlagen sie die geschmacklich ähnlichen Mozartkugeln um Längen. Freunde non-alkoholischer Shakes können alternativ die »Attendorner Milchbar« aufsuchen, deren besonderer Reiz in der Ausstattung im Stil der 50er-Jahre liegt. Empfehlenswert ist auch das »Café Himmelreich«, das sich just über dem Höhleneingang befindet.

Neben der Atta-Höhle locken die rund drei Kilometer entfernte Weidenburg oder Burg Schnellenberg als Wanderziele. Die Ruine der Weidenburg ist als Pilgerstätte bekannt. Diesen Status verdankt sie der Quelle in ihrer Nachbarschaft, der wundertätige Wirkungen nachgesagt werden. Daher werden an ihren Ufern auch Augenwaschungen durchgeführt. Wenige Schritte von der Weidenburg entfernt geht es weniger »heilig«, sondern sehr lebhaft zu, denn hier, an den Ufern des Biggesees, befindet sich eine Freizeitanlage.

Schlemmern sei noch ein Ausflug zur Burg Schnellenberg empfohlen. Das Gebäude wurde 1222 erstmals urkundlich erwähnt und ist nach rund eineinhalb Stunden Fußweg von Attendorn aus zu erreichen. Es beherbergt ein Restaurant, das neben mittelalterlichem Ambiente auch eine erstklassige Küche bietet.

▸ *Atta-Höhle, Finnentroper Str. 39, 57439 Attendorn. Sommer: tägl. 9.30-16.30 Uhr; Winter: Di-So 10.30-15.30 Uhr.*

▸ *Café Harnischmacher, Niederste Str. 5, 57439 Attendorn, Tel. 02722-23 70. Mo-Fr 8.30-18.30, Sa 8-17, So 8-17 Uhr.*

▸ *Attendorner Milchbar, Alter Markt 2, 57439 Attendorn, Tel. 02722-514 50. Mo-Fr 10-22, Sa u. So 11-22 Uhr.*

▸ *Café Himmelreich, Finnentroper Str. 39, 57439 Attendorn, Tel. 02722-30 42. Tägl. 9.30-16.30 Uhr.*

▸ *Burg Schnellenberg, Schnellenberg 1, 57439 Attendorn, Tel. 02722-69 40.*

RADTOUR RHEINAUF-RHEINAB

Radtour – Streckenlänge: 20 bzw. 30 km – Anfahrt: Stadtbahn, S-Bahn, RE, RB bis Hbf. Köln – Rückfahrt: ab Hbf. Köln bzw. Stadtbahn Zoo/Flora Linie 15, 16

Ob Deutz, Bayenthal oder Poll, diese Tour können Sie von dem Punkt aus beginnen, der Ihrem Wohnort am nächsten ist. Wir beschreiben sie vom Hauptbahnhof aus, der mit den meisten Stadtbahnlinien bequem zu erreichen ist. Fahrräder lassen sich in den Bahnen für den halben Fahrpreis mitnehmen. Vom Bahnhof aus geht es hinunter zur Rheinpromenade (am besten nicht direkt über die Museumsterrasse, denn dort warten einige Stufen). Mit den Spaziergängern teilen Sie sich den breiten Weg in südlicher Richtung. Hinter der Altstadt sehen Sie rechter Hand einen eindrucksvollen Glastempel – das Schokoladenmuseum, in dem Sie nicht nur alles über Schokolade erfahren, sondern auch Ihren Naschvorrat wieder auffüllen können. Nun geht es weiter Richtung Rodenkirchen. Der Weg dahin wird von einigen gastronomischen Institutionen wie dem Hausboot »Alte Liebe« gesäumt, wo (Rad-) Wanderer Gelegenheit haben, sich mit Kaffee, Kuchen oder gekühlten Getränken zu stärken. Von hier bis zur Rheinfähre in Rodenkirchen-Weiß gestaltet sich der Weg zunehmend grün und ländlich. Auch in Porz, auf der gegenüber liegenden Seite, ist nicht viel von der Großstadt Köln zu spüren, der wir uns über Westhoven und die weit angelegten Poller Wiesen wieder nähern.

Diese Tour lässt sich beliebig variieren. Wer sich nach der rund 20 Kilometer langen Route ermattet fühlt, überquert die Deutzer Brücke und landet wieder am Bahnhof. Wer noch fit ist, kann die 30 Kilometer voll machen und in Richtung Mülheimer Brücke weiterradeln. Dort besteht die Möglichkeit, dem Rheinpark und ehemaligen Gelände der Bundesgartenschau einen Besuch abzustatten oder die postgotische Kirche St. Heribert in Deutz zu besichtigen. Auf der linksrheinischen Seite warten währenddessen zwei sehr unterschiedliche Sehenswürdigkeiten: Zum einen lockt der Kölner Zoo mit seinen rund 6.000 Tieren, zum anderen der Skulpturenpark, in unmittelbarer Nähe von Zoo und Rhein gelegen. Er empfängt bei freiem Eintritt neugierige Besucher, die seine großen Skulpturen aus Bronze ebenso bestaunen wie die steinernen Bänke mit ihren geheimnisvollen Inschriften. Wer möchte, kann sich von dort aus noch einmal aufs Rad schwingen und am Rheinufer entlangfahren, bis er wiederum den Hauptbahnhof erreicht. Alternativ bietet sich die S-Bahn-Haltestelle am Zoo an.

▸ *Alte Liebe, Rodenkirchener Leinpfad, 50996 Köln (Rodenkirchen), Tel. 39 23 61. Tägl. 12-24 Uhr.*
▸ *Schokoladenmuseum, Rheinauhafen 1a, 0678 Köln (Innenstadt), Tel. 93 18 88-0/-16. Di-Fr 10-18, Sa/So 11-19 Uhr.*
▸ *Skulpturenpark, Riehler Str. (Unterhalb der Zoobrücke), 50735 Köln (Riehl). Mo-Sa 10.30-18, So 10.30-19 Uhr.*
▸ *Kölner Zoo, Riehler Str. 173, 50735 Köln (Riehl), Tel. 77 85-0. Tägl. 9-18 Uhr (im Winter 9-17 Uhr).*

STADTTOUR VOM RAUTENSTRAUCHKANAL ZUM BEETHOVENPARK

Radtour – Streckenlänge: ca. 10 km – Anfahrt: Universitätsstraße Stadtbahn 1, 2 – Rückfahrt: Aachener Straße/Gürtel bzw. Moltkestraße Stadtbahn 1, 2

Von der Haltestelle Universitätsstraße fahren Sie in südlicher Richtung zum italienischen Kulturinstitut. Rechts davon führt ein Weg in den Park, dessen Herzstück der idyllische Rautenstrauchkanal ist, dem Sie bis zum Ende folgen. Sie radeln geradeaus, überqueren den Lindenthalgürtel und die Fürst-Pückler-Straße. Dahinter gabelt sich der Weg. Linker Hand landen Sie nach gut 100 Metern an einer Brücke, die Sie der Kitschburger Straße näher bringt. Dahinter eröffnet sich ein kleiner Wildpark. Wer jetzt schon Appetit verspürt, kann eine Jause im Queens-Hotel an der Dürener Straße ins Auge fassen. Der asphaltierte Weg hinter der Kitschburger Straße geleitet Sie zum Militärring, über den eine Brücke führt. Folgt man dem Weg, erreicht man automatisch den Adenauerweiher. Man kann ihn umrunden oder rechts liegen lassen und kurz dahinter rechts abbiegen. Nun geht es auf den Decksteiner Weiher zu. Kurz davor biegen Sie scharf nach links, um die Allee zu erreichen, die parallel zum Militärring verläuft. Vor der Kreuzung Gleueler Straße/Militärring kommen Sie an einem alten Fort vorbei, danach folgt ein Stück wild-romantischer Stadtwald mit einer Bank für die verdiente Verschnaufpause. Wieder auf dem Militärring zurück, treffen Sie bald wieder auf eine Fußgängerbrücke. Dahinter erstreckt sich der Beethovenpark. Sein Hauptweg führt zu »Em Birkebäumche«, wo man sich unter alten Kastanien niederlassen kann. Über den nahen Gürtel landen Sie schnell an der Haltestelle Aachener Straße/Gürtel.

Wer die Radtour am Beethovenpark noch nicht beenden möchte, kann den Militärring bis zum Rhein hinunterradeln. Um von dort in den Volksgarten in der Kölner Südstadt zu gelangen, wo ein kleiner Biergarten am Wasser und ein Tretbootverleih warten, muss man vor dem Kreiswehrersatzamt an der Brühler Straße links abbiegen. Dazu bietet sich die Fußgängerbrücke an.

An den weitläufigen Grünflächen hinter der Brücke, geht es immer geradeaus bis zur Vorgebirgsstraße. Dort fahren Sie rechts, geradewegs auf eine Unterführung zu. Kurz darauf kommen Sie zu einer Ampel, hinter der sich der Volksgarten mit seinen Liegewiesen und einem hübschen Biergarten erstreckt. Egal, ob Wiese oder Lokal, spätestens jetzt sollten Sie eine wohlverdiente Pause einlegen. Der Volksgarten mündet in die nach ihm benannte Straße. Folgen Sie ihr über die Mosel-, Dassel- und Lützowstraße bis zur Moltkestraße, wo Sie wieder in die Bahn steigen können.

▸ *Queens-Hotel, Dürener Str. 287, 50935 Köln (Lindenthal), Tel. 46 76-0. Tägl. 6.30-22.30 Uhr.*
▸ *Em Birkebäumche, Neuenhöfer Allee 65, 50937 Köln (Sülz), Tel. 43 39 07. Tägl. 10-1 Uhr.*
▸ *Biergarten im Volkspark, Volksgartenstr. 27, 50677 Köln (Neustadt-Süd), Tel. 38 26 26. Tägl. 11-1 Uhr.*

RADTOUR INS GRÜNE

Radtour – Streckenlänge: 15 km – An- u. Rückfahrt: Rodenkirchen Stadtbahn 16 – Nicht vergessen: Picknickkorb, Badesachen

Der malerisch gelegene Ort Rodenkirchen und der angrenzende »Weiße Bogen« vor den Toren Kölns sind beliebte Ausflugsziele. Dorthin gelangt man mit der Stadtbahnlinie 16, die in den Außenbezirken über behindertengerechte Haltestellen verfügt, sodass auch das Ein- und Aussteigen mit dem Fahrrad problemlos zu meistern ist. Von der Haltestelle Rodenkirchen fahren Sie bis zum Rodenkirchener Leinpfad und folgen ihm stromaufwärts. Der Mittelpunkt der »Rodenkirchener Rheinszene« ist die alte Maternus-Kapelle, deren Ursprünge nicht exakt zu datieren sind. Es gilt jedoch als erwiesen, dass sie hier schon seit rund 1000 Jahren steht.

Hinter Alt-Rodenkirchen präsentiert sich der »Weiße Bogen« mit seinen landschaftlichen Reizen. Am Ende des schattigen Uferwalds wartet die kleine Fähre »Das Krokodil«, mit deren Hilfe man nach Porz-Zündorf übersetzen und die Tour auf die grüne Freizeitinsel Groov ausdehnen kann. Der große Park mit Wiesen, Rad- und Wanderwegen ist rings um einen Jachthafen entstanden. Wer den Picknickkorb dabei hat, lässt sich gleich im Grünen nieder. Die anderen kehren in eines der hübschen Ausflugslokale auf der Insel ein oder nutzen die attraktiven Radwege durch den Auenwald. Wer Badehose und Handtuch auf dem Gepäckträger hat, kann sich auch in die erfrischenden Fluten des Kombibads Zündorf stürzen.

Zurück auf der anderen Rheinseite steht schon die nächste Attraktion an. Der »Forstbotanische Garten« liegt ein Stück weiter auf der linksrheinischen Seite in westlicher Richtung. Auf einer Fläche von 25 Hektar bietet er einen Überblick über Bäume, Sträucher und Blumen aus allen Teilen der Welt – vom Balkan über Japan und China bis über den großen Teich nach Amerika. Besonders schön ist es hier im Juni, denn dann blüht die Pfingstrosenwiese. Mit ihren rund 3.000 Gehölzarten, von denen fast immer eine in Blüte steht, ist die Grünanlage jedoch auch in den übrigen Sommermonaten einen Besuch wert. Ein rund zehn Kilometer langes Netz von Wanderwegen eröffnet Naturfreunden die Möglichkeit, sich die Schönheiten internationaler Flora auf eigene Faust zu erschließen. Für die Übrigen veranstaltet der Garten regelmäßige Führungen. Südlich des Gartens, am Eingang Schillingsrotter Straße, schließt der Friedenswald an, der sich ebenfalls noch für einen kleinen Abstecher anbietet. Wer noch nicht müde ist, verzichtet auf die Bahn und strampelt die etwa 20 Minuten von Rodenkirchen nach Köln den Rhein entlang zurück.

▸ *Fähre »Das Krokodil«, März-Okt: Mo-Fr 11-19, Sa u. So 10-20 Uhr.*
▸ *Kombibad Zündorf, In der Groov, Trankgasse 10, 51143 Köln (Porz), Tel. 02203-813 22.*
▸ *Forstbotanischer Garten, Schillingsrotter Str., 50996 Köln (Rodenkirchen), Tel. 35 43 25. Nov-Feb 9-16, März, Sept u. Okt 9-18, April-Aug 9-20 Uhr. Führungen: jeden 1. Mi (14.30 Uhr) u. jeden 3. Sa (15 Uhr) im Monat.*

RADELN AM RHEIN

Radtour – Streckenlänge ca. 20 km – Anfahrt: Bonn-Universität/Markt U-Bahn 16, 63, 66, 67, 68 – Rückfahrt: Bf. Rolandseck RE 5, RE 6

Diese Tour belohnt nicht nur mit einem wunderschönen Rheinpanorama, sondern bietet müden Radlern auch an allen Ecken Gelegenheit zum Umstieg auf die Bahn. Wer die gesamte Strecke fahren möchte, beginnt am Bonner Brassertufer. Vom alten Zoll aus kurvt er gemütlich über die breite Rheinpromenade am ehemaligen Bundestag vorbei, den Architekt Günter Behnisch als Symbol der Demokratie ganz gläsern-transparent gehalten hat. Nach dem Stresemannufer geht's dann unmittelbar in die grüne Rheinaue. Das alte Gelände der Bundesgartenschau beherbergt noch immer ein schönes japanisches Gärtchen. Neugierige radeln am Bismarckturm nach rechts über die Holzbrücke des Schiffchensees und dann wieder rechts an der Freilichtbühne vorbei, stellen die Räder am Eingang ab und bewundern die hohe Kunst fernöstlicher Gartenkultur. Danach orientieren sie sich kontinuierlich nach links und gelangen am Ende der Rheinaue wieder ans Wasser. Ein paar Minuten später heißt es aufmerksam nach rechts blicken: Dass das alte, verwunschene Gebäude am Hang ein Mausoleum ist, wissen nur wenige. Hinter dem Grabmal passiert man Rüngsdorf, Mehlem und Rolandswerth, bevor man endgültig in Rolandseck Halt macht. Unmittelbar am Ortseingang liegt gegenüber der Fähre ein alter Bahnhof. Hier halten zwar immer noch die Regionalzüge der DB (eine prima Alternative für alle, die mit der Tour erst hier beginnen möchten), doch das Haus aus dem letzten Jahrhundert ist längst ein Museum für moderne Kunst. Ein privater Mäzen zeigt Skulpturen und Bilder des surrealistischen Künstlerpaares Hans Arp und Sophie Taeuber-Arp. Kunstsinnige Pedalritter – keine Angst, auch wenn Sie nicht ausgehfein angezogen sind, schaut man Sie hier keineswegs schief an – sind herzlich willkommen. Wem der Kopf mehr nach Natur steht, der schlägt den Weg links vom Bahnhof ein, der zum »Wald- und Wildpark Rolandseck« führt. Den zehnminütigen, etwas steilen Weg dorthin sollten Sie allerdings zu Fuß zurücklegen und das Rad am Bahnhof stehen lassen. Das Freigehege bietet sich hervorragend für einen etwa einstündigen Spaziergang an. Zurück am Rhein hat der Radler drei Optionen für die Rückfahrt: Entweder geht es auf demselben Weg oder am rechten Rheinufer zurück, zu dem man per Fähre gelangt. Oder er nimmt einfach den Zug in die Bundesstadt. Dort warten die Gaststätten »Rheinlust« und »Beueler Bahnhöfchen« an der Kennedy-Brücke zur Belohnung.

▸ *Stiftung Hans Arp & Sophie Taeuber-Arp, Bahnhof Rolandseck, 53424 Remagen. Di-So 10-17 Uhr.*
▸ *Wald- und Wildpark Rolandseck. März-Nov: Di-So 9-18 Uhr.*
▸ *Rheinlust, Rheinaustr. 134, 53225 Bonn (Beuel), Tel. 0228-46 70 91. Sommer: tägl. 9-1 Uhr, Winter: tägl. 10-1 Uhr.*
▸ *Bleueler Bahnhöfchen, Rheinaustr. 116, 53225 Bonn (Beuel), Tel. 0228-46 34 36. Tägl. 10-24 Uhr.*

Gehören Sie zu den Menschen, die schon lange ihrem Ruhestand entgegenfieberten, weil sie nun endlich Zeit haben ihre Urlaubsträume zu realisieren? Dann wissen Sie wahrscheinlich schon, wohin die nächste Reise gehen wird. Falls Sie noch Anregungen suchen: Hier finden Sie Studienreisen, »Kurlaube«, Schiffsreisen, Kulturfahrten und... – in Deutschland oder weltweit. Und allen, die Schneematsch und Kälte entfliehen möchten, ermöglicht ein Langzeiturlaub das Überwintern im sonnigen Süden.

Egal, wohin Sie fahren, denken Sie bei der Buchung daran, nach Vergünstigungen zu fragen. Viele Reiseveranstalter gewähren – vor allem in der Nebensaison – einen so genannten »Senioren-Rabatt«, auch wenn dieser nicht immer explizit im Katalog ausgewiesen wird. Oft können Sie auch sparen, indem Sie die Leistungen verschiedener Anbieter vergleichen und frühzeitig buchen. Lassen Sie sich im Reisebüro beraten, nicht nur was den Preis, sondern auch das gewählte Urlaubsland, Reisezeit und gesundheitliche Vorsorgemaßnahmen betrifft, damit Sie vor Ort keine unliebsamen Überraschungen erleben.

Auch wenn Sie regelmäßig auf ärztliche und/oder pflegerische Betreuung angewiesen sind, müssen Sie nicht zu Hause bleiben. Manche Veranstalter und auch Wohlfahrtsorganisationen bieten spezielle »Seniorenreisen« an, die Sie ins In- und Ausland führen. Dabei wohnen Sie in komfortablen, oft auch behindertengerechten Hotels, werden gemäß Ihren Bedürfnissen versorgt und genießen ein buntes Ferienprogramm. Gute Reise!

HURTIGRUTEN

Zugegeben, klassische Kreuzfahrten sind teuer und mitunter etwas steif. Eine prima Alternative für alle, die Lust auf eine preiswertere und trotzdem komfortable Schiffsreise haben, ist eine acht- bis vierzehntägige Passage auf einem Postschiff der norwegischen »Hurtigruten«. Elf verschiedene Routen entlang der norwegischen Küste mit ihrer einzigartigen Fjordlandschaft oder über den Polarkreis hinaus bis an die Grenzen Russlands stehen zur Auswahl. Nicht die schnellste, aber mit Sicherheit die abwechslungsreichste Art, den Norden zu entdecken.

Information u. Buchung in allen Karstadt-Reisebüros. 8-tägige Reise inkl. Flug, VP ab DM 2.245, für Senioren ab 67 Jahren Ermäßigung.

NORDAFRIKA

Ägypten, Marokko, Tunesien – längst ist eine Reise in den Vorderen Orient kein strapaziöses Abenteuer mehr. Vor allem nicht, wenn das Reiseziel eine nach europäischen Standards ausgestattete Hotelanlage ist. Der Veranstalter ITS hat sich auf Nordafrika spezialisiert und besondere Angebote für Senioren im Programm. Der »Seniorenclub« wartet mit einem auf ältere Urlauber zugeschnittenen Freizeitangebot auf. Das Stichwort »Senioren 55 plus« im Katalog steht für Preisnachlässe.

ITS-Reisen, 51140 Köln. Katalog u. Buchung im Reisebüro. 1 Woche Tunesien inkl. Flug, HP ab ca. DM 600.

LANGZEITURLAUB

Träumen Sie davon, unter Palmen zu überwintern? TUI macht's möglich: »Club Mallorquin«, »Club Teneriffe« und »Club Cypria« sind Angebote für Langzeiturlauber. Sie umfassen nicht nur besonders günstige Tarife für Flug und Unterkunft, sondern auch regelmäßige Veranstaltungen, die für Kontakte und Kurzweil unter den Überwinternden sorgen. Das Programm reicht vom Fitnesskurs bis zur Dichterlesung; Sie können selbst entscheiden, welche Angebote Sie nutzen möchten.

Information u. Buchung im Reisebüro. Mindestdauer 5 Wochen. 8 Wochen Mallorca inkl. Flug, HP DM 2.489.

WINTER IN DER ÄGÄIS

Die Seele baumeln lassen und dem Körper mit viel Bewegung an frischer Luft etwas richtig Gutes tun – bei einem Segelurlaub können Sie sich rundum erholen. Wintermüden Mitteleuropäern, die mindestens acht Wochen Zeit haben, bietet »Acamar« von November bis März gemütliche Segeltörns in der Ägäis an. Dabei geht es ruhig und erholsam zu und es bleibt viel Zeit für die Erkundung der angelaufenen Inseln. Abgesehen vom Skipper befinden sich maximal vier Personen an Bord, die keine Segelkenntnisse haben, aber »seetüchtig« sein müssen.

Acamar, André Blanc, Route des Monts-de-Lavaux 24b, CH-1092 Belmont, Tel. 0041-21-729 88 66. Internet: www.acamar.net. 9-Wochen-Törn ca. DM 250 p.P. u. Woche.

REISEN FÜR SENIOREN

»50plus« heißt das Programm des Veranstalters BTS, das ganz auf die Bedürfnisse älterer Reisender abgestimmt ist. Die Fahrten u.a. nach Rügen, Berlin, Belgien, Frankreich oder Ungarn werden im klimatisierten Nichtraucher-Bus angetreten, der allen Komfort bietet. Die Fahrt geht nie über Nacht. Das geschulte Begleitpersonal beantwortet nicht nur Fragen zu Land und Leuten, sondern hilft auch, wenn (gesundheitliche) Probleme auftauchen. Dazu bietet BTS weitere Annehmlichkeiten wie einen Koffer- und einen Abholservice.

▶ *BTS-Verkaufsbüro Karls, Kölner Str. 57, 53919 Weilerswist, Tel. 02254-70 77.*
▶ *BTS-Reisen für Senioren, Infotel. 257 30 31. 5 Tage Paris inkl. Fahrt, Ü/F DM 310.*

BUSREISEN

Univers ist ein Spezialist für Busreisen. Inzwischen gehören zwar auch Flüge und Kreuzfahrten zum Standardangebot, doch groß geworden ist das Unternehmen mit seinen komfortablen Reisevehikeln, mit denen man bequem und stressfrei den Urlaubsort erreicht. Mit Univers-Reisen geht es zu gut 50 Zielen in Deutschland (auch zu Musicals), nach Luxemburg, Österreich oder Dänemark. Doch auch Ziele in Spanien und Italien gehören zum Angebot, wenngleich diese ein eher jugendliches und jung gebliebenes Publikum ansprechen.

Univers Reisen, Am Rinkenpfuhl 57, 50676 Köln (Innenstadt), Tel 20 90 20. 10 Tage Sardinien/Korsika inkl. Fahrt, HP DM 1.496.

WANDER-URLAUB

Spezielle Seniorenfahrten hat dieser Reiseservice zwar nicht in seinem Programm. Doch die meisten Kunden, die hier buchen, stehen im dritten Lebensabschnitt. Das mag unter anderem daran liegen, dass im Programm von Thissen Tours jede Menge Wanderreisen aufgeführt sind. Hier lassen sich auch die Angebote des Eifelvereins erfragen, der nach Teneriffa genauso wie an den Vierwaldstädter See nach Österreich fährt. Dank der vielen treuen Dauerkunden jenseits der 60 ist man hier auf die besonderen Bedürfnisse von Senioren eingestellt.

ThissenTours Reiseservice GmbH, Cranachstr. 108, 52351 Düren, Tel. 02421-150 18. 10 Tage Teneriffa inkl. Flug, HP DM 1.889.

URLAUB & KUREN

Mallorca oder Holland sind die Fernziele, die Sie mit dem Roten Kreuz ansteuern können. Innerhalb Deutschlands werden Ziele im Allgäu oder im Schwabenland bereist, wie Füssen oder Bad Herrenalb im Schwarzwald. Hier können Urlaubsreife entweder sportliche Wanderferien machen oder ein entspannendes Kurangebot in Anspruch nehmen. Alljährlich im Frühjahr erscheint eine Broschüre, die umfassend über die Reiseangebote des Roten Kreuzes unterrichtet und kostenlos angefordert werden kann.

Deutsches Rotes Kreuz, Oskar-Jäger-Str. 101-103, 50825 Köln (Ehrenfeld), Tel. 971 14 66, Kontakt: Frau Tomeij. 7 Tage Rügen inkl. Fahrt, VP, Abholservice DM 1.049.

REISEN MIT HANDICAP

Die Teilnehmer der hier angebotenen Reisen sind nicht nur Senioren, sondern Reisende, die auf individuellen Service unterwegs angewiesen sind. Den garantiert Rfb-Touristik und stellt bequeme Reisebusse zur Verfügung sowie Unterkünfte, die Menschen gerecht werden, die sich eine Nacht im Zelt gesundheitlich nicht mehr erlauben können.

Rfb-Touristik GmbH, Nikolaus-Otto-Str. 6, 40670 Meerbusch, Tel. 02159-52 08 60. 1 Woche Kanaren inkl. Flug, HP DM 1.250.

GEMEINSAM REISEN

Mit seinen Reiseangeboten in Deutschland oder Österreich wendet sich der Caritasverband an Ehepaare oder allein stehende Damen und Herren ab 60, »die den Wunsch nach Erholung, Abwechslung im Lebensrhythmus und nach Gemeinschaft haben.« Wer mit der Caritas reist, kann bei geringem Einkommen auf Finanzierungshilfen des Landes NRW zurückgreifen oder Mittel der Altenhilfe der »Kölnischen Rundschau« nutzen. Beim Caritas-Verband Bonn haben die Mitreisenden schon vor der Fahrt Gelegenheit, sich kennen zu lernen und erste Kontakte zu knüpfen.

▶ *Caritasverband, Bartholomäus-Schink-Str. 6, 50825 Köln (Ehrenfeld), Tel. 95 57 00, Kontakt: Frau Berg u. Frau Deurer.*
▶ *Caritasverband, Fritz-Tillmann-Str. 8, 53113 Bonn (Südstadt), Tel. 0228-10 82 31, Kontakt: Frau Seeliger u. Frau Wolf.*
▶ *3 Wo. Rhön inkl. Fahrt, VP DM 1.485.*

STUDIENREISEN

Studiosus Reisen ist seit langem für anspruchsvolle Bildungsreisen bekannt. Unter dem Motto »Me and More« haben die Veranstalter nun ein Programm ausgearbeitet, das sich speziell an Alleinreisende richtet. Diesen stehen dabei nicht nur verschiedene Reiseziele offen, sie können ihre Mitreisenden im Urlaub bei gemeinsamen Aktivitäten auch ganz unverbindlich kennen lernen. Die Reiseziele reichen von Andalusien über Zypern, Masuren und Großbritannien bis hin nach Thailand und versprechen jede Menge Abenteuer.

Studiosus Reisen, 80976 München, Tel. 089-50 06 00. Der Katalog ist in nahezu allen Reisebüros erhältlich. 8 Tage Graubünden inkl. Fahrt, HP DM 1.760 im EZ.

ADIOS REISEPARTNER-VERMITTLUNG

Wer reist schon gern allein? Ein Anruf genügt und schon flattert Reiselustigen ein Fragebogen ins Haus, auf dem sie ihren Wunschreisepartner beschreiben, das Reiseziel und ein ungefähres Datum angeben. Ständig sind mindestens 500 Leute in der Kartei, aus der Sie für Ihre Gebühr Vorschläge erhalten. Das können zwei oder drei sein oder 40 bis 50, je nachdem, wie Ihre Präferenzen sind. Die Grobauswahl besorgt der Computer, während die Feinabstimmung manuell erledigt wird.

Tel. 0180-543 07 30. Einmalige Vermittlung DM 70, beliebig viele Verm. DM 150 p. Jahr.

Sie sind passionierter Briefmarken-sammler, begeisterte Hobbymalerin oder viel beschäftigter Freizeitgärtner und freuen sich über die Gelegenheit, Ihrem Steckenpferd endlich mit Muße nachgehen zu können? Glückwunsch, dann haben Sie wahrscheinlich keine Probleme, Ihre Tage auf angenehme und anregende Weise zu füllen.

Viele Menschen waren aber durch Beruf oder Haushalt und Familie viele Jahre so eingespannt, dass sie keine Zeit hatten, ein Hobby zu pflegen. Wenn es Ihnen ebenso ergangen ist, dann ist es jetzt an der Zeit, sich ein Hobby zu suchen. Vielleicht gibt es ja eine Tätigkeit, die Sie schon immer gereizt hat? Egal, ob es Klavierspielen oder Bergsteigen ist – probieren Sie es doch einfach aus! Falls Sie mit einem Hobby liebäugeln, in das Sie nicht ohne Anleitung einsteigen können oder dessen Ausübung nur in einem Verein oder einer Gruppe mög-lich ist, erkundigen Sie sich, wo es in Ihrer Stadt solche Institutionen gibt. Oft helfen hier Interessenbörsen und die schwarzen Bretter in Stadtteil- und Nachbarschaftszentren weiter. Nur Mut, ein unverbindliches Hineinschnuppern ist überall möglich!

Falls Sie noch nicht so recht wissen, was zukünftig zu »Ihrem« Hobby werden könnte, blättern Sie weiter. Auf den nächsten Seiten finden Sie Gruppen und Vereine, deren Mitglieder in den besten Jahren sind und die sich spannenden und abwechslungsreichen Freizeitbeschäfti-gungen verschrieben haben. Bei allen vorgestellten Organisationen gilt: Neue Interessenten sind herzlich willkommen!

BUNDESBAHNORCHESTER

Keine Sorge! Sie müssen nicht bei der Bundesbahn gearbeitet haben, um ihr musikalisches Talent bei diesem Orchester auszuleben! Seinen Namen verdankt das Bundesbahnorchester nämlich nur dem Umstand, dass die Proben im Deutzer Bahnhof stattfinden. Dazu sind immer wieder Menschen willkommen, die ein Instrument beherrschen oder eine schöne Stimme haben und gerne in einem Chor singen möchten. Ins Leben gerufen wurde das Bundesbahnorchester von Herrn Kläser, der nicht nur ausgebildeter Dirigent ist, sondern einst auch Cello, Violine und Klavier studierte.

Kontakt: Herr Kläser, Tel. 02205-20 10.

GESELLSCHAFTSTANZ

Die renommierte Tanzschule sorgt in speziellen Kursen dafür, dass Senioren Walzer, Foxtrott & Co erlernen oder ihre Kenntnisse auffrischen. Der Kurs findet jeden Dienstag von 15-16 Uhr statt. Ab Mai soll außerdem donnerstags eine Seniorentanzparty mit Kaffee und Kuchen steigen, und zwar von 15-16.30 Uhr. Dort ist jeder auch dann willkommen, wenn er den Wiegeschritt beim Tango nicht mehr ganz so einwandfrei hinbekommt. Sollte sich im Umfeld der Party eine stärkere Nachfrage einstellen, wird ein weiterer Seniorentanzkurs eingerichtet.

Tanzschule van Hasselt, Karl-Schwering-Platz 4-6, 50931 Köln (Lindenthal), Tel. 40 19 71. Tanzkurs DM 45 pro Monat.

INSTRUMENTALKREIS

An drei Tagen pro Woche liegt im Begegnungszentrum Finkenberg Musik in der Luft. Der Instrumentalkreis probt regelmäßig und gestaltet das musikalische Programm bei Geburtstagen und anderen Feiern. Da er derzeit auf ein Duo (Akkordeon und Violine) geschrumpft ist, sind neue Musikanten ausgesprochen willkommen. Natürlich müssen die potentiellen Mitglieder sich nicht auf allerhöchstem künstlerischen Niveau bewegen. Wer ein Instrument »für den Hausgebrauch« beherrscht und Spaß an gelegentlichen Auftritten hat, sollte sich mit Frau Erdweg in Verbindung setzen. Sie informiert auch über die Aktivitäten des hauseigenen Chors.

Begegnungszentrum Finkenberg, Stresemannstr. 6, 51149 Köln (Porz). Kontakt: Frau Erdweg, Tel. 02203-30 10 09.

VIDEOGRUPPE »SILBERDISTEL«

Wer sich für Kameraführung und Filmbearbeitung interessiert, ist hier an der richtigen Adresse. Denn die Videogruppe hat es sich zur Aufgabe gemacht, Kompetenz in diesen Disziplinen zu vermitteln, und richtet sich mit dem Angebot explizit an Senioren. Interessierte müssen nicht über Vorkenntnisse oder gar ein geeignetes Equipment verfügen, da dies gestellt wird. Die Teilnahme am Seminar ist ebenfalls kostenlos.

SBK Riehl, Boltensternstr. 16, 50735 Köln (Riehl), Tel. 777 53 72.

KUNST-WORKSHOPS

Mit Bildern aus dem Vatikan, dem Louvre oder des Museums of Modern Art bestreitet die Kunsthalle ihre Wechselausstellungen. So ausgewählt wie die Leihgaben ist auch das Workshop-Programm, in dem man z.B. innerhalb der jüngsten Portugal-Ausstellung Keramikfliesen nach eigenen Ideen fertigen konnte. Auf dem Dachgarten der Kunsthalle darf man sich als Bildhauer versuchen, und ein Ausstellungswochenende zum Thema Bronzezeit vereinigt Vorträge und Mitmach-Aktionen wie Holzhandwerk und Schmuckherstellung.

Kunst- und Ausstellunghalle der BRD, Friedrich-Ebert-Allee 4, 53113 Bonn (Innenstadt), Tel. 0228-917 12 92 (Pädagogischer Dienst). Workshop ab DM 20.

MEDIENGRUPPE »ET BLÄTTCHE«

»Et Blättche« berichtet schwerpunktmäßig über Wissenswertes aus der Begegnungsstätte Finkenberg und dem Stadtteil Porz. Darüber hinaus lässt es aber auch gesellschaftliche wie politische Ereignisse nicht unkommentiert. Die Seniorenzeitung erscheint alle zwei Monate. In der Redaktionsgruppe arbeitet ein fester Stamm von fünf Mitarbeitern, neue Hobby-Journalisten sind stets willkommen. Das Layout und die Produktion werden ehrenamtlich von Sohn und Schwiegertochter eines Redaktionsmitglieds übernommen.

Begegnungszentrum Finkenberg, Stresemannstr. 6, 51149 Köln (Porz), Tel. 02203-30 10 09.

TANZTREFFS

Viermal pro Woche schwingt Frau Karst, die Leiterin des Kölner Senioren e.V., das Tanzbein. Sonntags im Quäkerhaus in der Kreutzerstraße (Ehrenfeld), dienstags in der Aula der Realschule (Dechenstr. 1) und donnerstags in der Wolkenburg, immer von 14.30-17.30 Uhr. Willkommen ist jeder, der Lust auf ein Tänzchen hat, auch wenn er keine perfekten Tanzkenntnisse mitbringt. Wer Standardtänze von der Pike auf lernen möchte, ist hier allerdings an der falschen Adresse, denn es gibt keinen Tanzlehrer, wohl aber versierte Tänzer, die mit guten Tipps nicht geizen.

Kölner Senioren e.V. »Wir sind nicht mehr allein«, Marienstr. 3, 50825 Köln (Ehrenfeld), Tel. 55 13 32, Kontakt: Frau Karst. Mitglieder DM 6, Nichtmitglieder DM 7.

FREIES WERKSTATT THEATER

Rund 1.500 Jahre stehen auf der Bühne, wenn die Seniorengruppe des Freien Werkstatt Theaters eines ihrer Stücke zur Aufführung bringt, deren Inhalte sich stets ums Älterwerden ranken. Damit findet das Trüppchen so viel Anklang, dass es über Kölns Grenzen hinaus bekannt geworden ist und u.a. schon Gastspiele in Wien, Brüssel und London gab. Die Kosten dafür trägt das Theater, eine Gage gibt es nicht.

Zugweg 10, 50677 Köln (Südstadt), Tel. 32 78 17, Kontakt: Frau Berzau u. Frau Lohner. Proben Mi u. Fr nachmittags.

THEATERGRUPPE »EINE STUNDE MIT DIR«

Diese Theatergruppe arbeitet nach den künstlerischen Prinzipien der italienischen Commedia dell'arte. So konzipiert Regisseur Adi Blens zwar ein Stück, gibt aber keinen festen Text dafür vor: »Es gibt nur einen roten Faden mit speziellen Stichworten. Ansonsten ist jeder Mitspieler völlig frei in seiner Wortwahl.« Dank dieser Methode entstehen oft gehaltvolle und ausgesprochen witzige Dialoge. Die beste Variante wird schließlich aufgeführt.

Theatergruppe der KSG, Anton-Antweiler Str. 10, 50937 Köln (Sülz), Tel. 943 81 40, Kontakt: Frau Marmor.

HÖRFUNK

Ein halbstündiges Programm, das von Radio Bonn Rhein/Sieg ausgestrahlt wird, stellt die Redaktion des Seniorenradios zusammen. Seit neuestem gibt es auch eine Sendereihe für ausländische Mitbürger. In ihrer Muttersprache werden hier lebende, ältere Migranten über Wichtiges informiert und mit Lyrik- oder Prosabeiträgen unterhalten. Musik aus der (alten) Heimat rundet das Hörerlebnis ab. Radio Bonn Rhein/Sieg empfangen Sie auf UKW 98,9 – 91,2 – 107,9 oder per Kabel Bonn 99,75. Alle, die mitmachen wollen, wenden sich an folgende Adresse:

Senioren Medien Forum Bonn, Münsterstr. 21, 53111 Bonn (Innenstadt), Tel. 02289-63 73 77.

STATISTENVERMITTLUNG DES ARBEITSAMTES

In der Medienstadt Köln ist es nie zu spät, um eine Karriere bei Film oder Fernsehen zu starten. Die Statistenvermittlung braucht für die rund 800 Drehs, die hier jährlich stattfinden, längst nicht nur junge Gesichter. Wenn Sie also Lust haben, einmal hinter die Kulissen der Medienwelt zu blicken und hier tatkräftig mitzumischen, sollten Sie bei der Statistenvermittlung vorstellig werden. Für den Einsatz gibt es eine kleine Gage (ca. DM 100).

In der Höhle, 50667 Köln (Innenstadt), Tel. 94 29 12 43.

SENIORENCHOR

Erfahrung ist gut, wird aber nicht vorausgesetzt. Wer dem gemischten Seniorenchor der Stadt Bonn beitreten möchte, dem sollte vor allem geselliges Singen wichtig sein. Lampenfieber darf er allerdings wenig haben, denn der Chorleiter nimmt seine Schützlinge ab und an in die Kirche St. Hedwig mit, in der er als Organist tätig ist. Dort werden natürlich geistliche Lieder gesungen und keine Melodien aus Musicals oder Volkslieder, die ebenfalls zum Repertoire gehören. Neben der Chorarbeit treffen sich die Sänger und Sängerinnen zu angenehmen gemeinsamen Aktivitäten, so dem jährlichen Spargelessen.

Offene Tür für Pensionäre u. Rentner Bonn e.V., Münsterstr. 21, 53111 Bonn, Tel. 02289-23 33 19, Kontakt: Frau Mohlberg.

Keine Frage, Sie werden gebraucht! In Zeiten leerer Kassen sind gemeinnützige Institutionen, Vereine und Organisationen mehr denn je auf die tatkräftige Unterstützung ehrenamtlicher Mitarbeiter angewiesen. Fast ebenso groß wie die Anzahl dieser Institutionen ist die Vielfalt der Aufgaben, die auf freiwillige Helfer warten. Und helfen kann jeder, denn in der Regel müssen Sie für eine ehrenamtliche Arbeit keine Vorkenntnisse oder gar eine besondere Ausbildung mitbringen.

Dabei brauchen Sie nicht zu befürchten, dass Sie sich auf etwas einlassen, was Sie dann doch nicht wollen, oder dass Sie sich übernehmen. Bevor Sie eine verbindliche Zusage machen, können Sie natürlich ausprobieren, ob Sie der Aufgabe gewachsen sind. Und Sie sind derjenige, der bestimmt, wie viel und wann Sie im Einsatz sind. Alle Institutionen, die auf die Unterstützung freiwilliger Mitarbeiter angewiesen sind, haben Interesse an einer langfristigen Zusammenarbeit mit zufriedenen Ehrenamtlichen. Schulungen sorgen dafür, dass Sie die nötigen Kenntnisse erwerben, die Sie für ihren freiwilligen Dienst brauchen. Fordert dieser Sie seelisch stark, bekommen Sie regelmäßig psychologische Unterstützung. Denn das Engagement für eine gute Sache soll schließlich nicht nur anderen, sondern auch Ihnen etwas geben!

Wenn Sie noch auf der Suche nach der richtigen Aufgabe sind, finden Sie auf den nächsten Seiten zahlreiche Einrichtungen in Ihrer Region, die dankbar für jede weitere helfende Hand sind.

KÖLNER FREIWILLIGEN AGENTUR

Die Kölner Freiwilligen Agentur richtet sich an Menschen, die ihr Talent und ihre Energie im Sinne des Gemeinwohles einsetzen wollen. Dabei kann es um Tätigkeiten auf sozialem, kulturellem oder umweltpolitischem Sektor gehen. Die Mitarbeiter helfen unschlüssigen Interessierten dabei, die richtige Aufgabe zu finden. Sie sorgen auch dafür, dass sich der Freiwillige mit der übernommenen Pflicht nicht alleine fühlt. Das geschieht z.B. mittels Gesprächskreisen zum Erfahrungsaustausch.

Clemensstr. 7, 50676 Köln (Innenstadt), Tel. 923 33 64.

AMNESTY INTERNATIONAL

»ai« setzt sich weltweit gegen Folter, Todesstrafe, unwürdige Haftbedingungen und juristische Willkür ein. Wer helfen möchte, kann dies u.a. mit Briefaktionen tun. Die Gefangenenorganisation informiert über konkrete Fälle und liefert Adressen von Politikern, an die Protestschreiben zu richten sind. Ebenso gibt sie auch Formulierungsvorschläge und Hintergrundinformationen, sodass Sie keine Vorkenntnisse mitbringen müssen. Daneben können Sie sich auch bei Veranstaltungen engagieren.

▶ *Bezirksbüro Köln, Domstr. 56, 50668 Köln (Innenstadt), Tel. 12 14 15.*
▶ *Bezirksbüro Bonn-Koblenz, Heerstr. 30, 53111 Bonn (Altstadt), Tel. 0228-965 31 91.*

CARITAS

Die Caritas ist der Wohlfahrtsverband der katholischen Kirche, der sich seinem Namen entsprechend der Nächstenliebe verpflichtet hat. Der Verband ist auf unterschiedlichen Gebieten tätig und dabei auf die Unterstützung ehrenamtlicher Mitarbeiter angewiesen, z.B. beim Besuchsdienst für einsame Menschen.

Caritasverband für die Stadt Köln e.V., Bartholomäus-Schink-Str. 6, 50825 Köln (Ehrenfeld), Tel. 95 57 00.

EHRENAMTLICHER BESUCHSDIENST

Das politisch und konfessionell unabhängige Deutsche Rote Kreuz unterhält ebenso wie die Caritas eine ganze Reihe von Hilfsprojekten. Unter anderem gehört ein ehrenamtlicher Besuchsdienst dazu. Dabei geht es weniger um Krankenhausbesuche als um eine stete Betreuung von allein stehenden älteren Menschen. Für sie überlegen sich die ehrenamtlichen Mitglieder Freizeitaktivitäten. Eine Grundlagenschulung bereitet alle Interessierten auf ihre neue Aufgabe vor. Darüber hinaus finden alle drei Monate Fortbildungen statt, die von den Helfern auch für Geselligkeiten genutzt werden. Der Termin der Grundlagenschulung für mindestens acht Interessenten richtet sich nach der Nachfrage.

Deutsches Rotes Kreuz, Pohlmannstr. 13, 50735 Köln (Riehl), Tel. 97 11 460, Kontakt: Herr Allerchen.

ZUGABE

»Zugabe« ist eine Initiative der Melanchthon-Akademie und das Ziel so einfach wie folgerichtig: Kompetenzen, die sich ein Mensch in seinem langen Berufsleben erworben hat, sollen nicht verloren gehen, sondern in neuen Aufgabenfeldern zu Ehren kommen, z.B. in Bürgerinitiativen, Parteien oder Aktionsgruppen. Schließlich sucht die Initiative auch ehrenamtliche Mitglieder, die in einschlägigen Einrichtungen Aufgaben wie Besuche, Hilfe im Alltag und die Begleitung Sterbender übernehmen oder – bei entsprechender Kompetenz – Hinterbliebenen Hilfe bei der Trauerarbeit anbieten.

Melanchthon-Akademie, Kartäuserwall 24b, 50678 Köln (Südstadt), Tel. 931 80 30.

BONN YOUR

Welches Engagement passt zu mir? Das klingt etwas ungewöhnlich, gewinnt aber vor der ehrenamtlichen Vielfalt durchaus ernsten Charakter. Schließlich gibt es neben dem langfristigen Engagement auch begrenzte Einsätze, so die Vorbereitung des jährlichen Kulturfestes der »Initiative Toleranz« in der Rheinaue. Und es gibt einmalige unentgeltliche Jobs, z.B. Malerarbeiten in den Räumen eines Vereins, der sich um auffällige Kinder kümmert. Alle diese Möglichkeiten sind in der Kartei von »Bonn Your« gespeichert und werden aufgrund eines persönlichen Gesprächs vermittelt.

Diakonisches Werk, Kaiserstr. 125, 53113 Bonn (Innenstadt), Tel. 0228-228 08 53, Kontakt: Frau Donath.

VULKAN EXPRESS

Kurz vor der endgültigen Stilllegung 1991 übernahm der Verein den kompletten Betrieb und das Streckennetz der Brohltal-Schmalspureisenbahn. Heute fährt oder dampft der originale »Vulkan-Express« mit seinen roten Waggons wie eh und je durch das Tal – jedoch nur, weil ehrenamtliche Helfer die viele Arbeit in der Werkstatt, beim Fahrdienst und im Service bewältigen. Wem der Weg in die Eifel zu weit oder das tatkräftige Engagement zu anstrengend ist, der kann die Bahn auch als passives Vereinsmitglied unterstützen.

Interessengemeinschaft Brohltal-Schmalspureisenbahn e.V., IBS-Geschäftsstelle, Kapellenstr. 12, 56651 Niederzissen, Tel. 02636-803 03.

UNICEF

Auch hier ist man auf ehrenamtliche Hilfe angewiesen. Schließlich wirkt im Bonner Büro des internationalen Kinderhilfswerks nur eine Vollzeitkraft. Und dabei gibt es viel zu tun. Das Ladengeschäft zum Beispiel wartet auf eine entschlossene Hilfe, die schöne Kunstpostkarten, Briefpapier und Kalender für einen guten Zweck an den Mann bringt. Und natürlich ist Unicef mit Ständen auf Weihnachts- und anderen Märkten vertreten, um einen Beitrag zu leisten, damit es den Schwächsten auf dieser Welt etwas besser geht.

Deutsches Kommitee, Arbeitsgruppe Bonn, Bonner Str. 21, 53173 Bonn (Bad Godesberg), Tel. 0228-38 41 38, Kontakt: Frau Schütterle o. Frau Branditsch.

GREENPEACE

Auch wer aus dem Alter heraus ist, in dem man sich an Bohrtürmen hochhangelt, kann bei Greenpeace sinnvoll für den Umweltschutz tätig werden. In Köln existiert sogar eine eigene Seniorengruppe namens »50 plus«. Ihre Mitglieder übernehmen beispielsweise den Telefondienst oder stehen an Wochenenden hinter Infoständen. Über Verstärkung freut sich die Kölner Niederlassung jederzeit, vor allem dann, wenn genügend Zeit und Energie für ein echtes Engagement mitgebracht werden.

Hansaring 135, 50670 Köln (Eigelstein), Tel. 739 21 71. Mo 17-19, Mi 18-20 Uhr. Treffen jeden 1. Do im Monat 19.30 Uhr.

GRAUE PANTHER

Engagement für andere ist das Motto der »Grauen Panther«, die in Bonn seit langen Jahren handfeste Sozialpolitik machen. Das kann manchmal auch heißen, dass die Panther mit dem nötigen Biss gegen Missstände in Altenheimen oder Entscheidungen des Sozialamts kämpfen. Wer sich hier gut aufgehoben fühlt, vielleicht auch Pressearbeit o.ä. erledigen möchte, kann sich jederzeit unter der angegebenen Rufnummer melden. Wer ein persönliches Problem hat, kann sich beraten lassen.

Seniorenschutzbund »Graue Panther«, Kontakt: Frau Helpenstell, Tel. 0228-797 49. Beratung: Altes Rathaus, Markt, 53111 Bonn (Innenstadt), Sitzungssaal der Grünen, 1. Stock, Di 14.30-16.30 Uhr.

OXFAM

Oxfam unterstützt und initiiert Selbsthilfeprojekte in Entwicklungsländern. Das Geld dazu stammt aus dem Verkauf von Secondhand-Sachen, wie gebrauchte Kleidung, Bücher und Spielzeug, die OXFAM-Mitarbeiter sammeln und in einem eigenen Laden verkaufen. OXFAM ist stets offen für neue Mitglieder, obwohl der Verein schon ziemlich stark ist. Das garantiert natürlich auch über die Arbeit hinausgehende Kontakte und Geselligkeiten.

▶ *Bonner Str. 45, 50677 Köln (Südstadt), Tel. 37 22 52, Frau Lehmann.*
▶ *Maxstr. 16, 53113 Bonn (Altstadt), Tel. 0228-69 29 28, Frau Parzonka.*

ZOO KÖLN

Jeder Kölner weiß, dass »ene Besuch em Zoo« wunderschön ist. Besonders sonntags, wenn um 11 Uhr die unentgeltliche Führung stattfindet. Dabei können Tiere in Augenschein genommen werden, die sich über einen »Paten« freuen würden. Wie für Patentanten und -onkel üblich, besteht die Hauptaufgabe im Sponsoring. Paten erhalten ausführliche Informationen über ihr Patentier, eine steuerwirksame Spendenquittung und einen Eintrag auf der »Patentafel« im Kölner Zoo. Begeisterte Tierliebhaber können sich in Kursen auch zum Zoobegleiter ausbilden lassen und selbst Besucher durch die Tierwelt führen.

Riehler Str. 173, 50735 Köln (Riehl), Tel. 77 85-0.

Engagement

TIER & SITTER

Frau Peleduhn vermittelt tage- oder wochenweise verwaiste Vierbeiner an Leute, die gerne Tiere um sich haben, aber kein eigenes möchten. Die Möglichkeiten, sich als Tiersitter zu betätigen, reichen vom Spazierengehen bis zur Tages- oder Urlaubsbetreuung. Ein Fragebogen soll im Vorfeld klären, welche Tiere in Betracht kommen. Vor der endgültigen Vermittlung empfiehlt Frau Peleduhn einen Probespaziergang oder ein Kennenlernen zwischen Tier, Herrchen und Sitter. Dabei kann auch die Honorarfrage geklärt werden. Üblicherweise erhält der Sitter zwischen DM 15 und DM 20 pro Tag für die Pflege eines Hundes. Für die Betreuung einer Katze liegt der Satz bei DM 10 pro Tag.

Engelbertstr. 11, 50674 Köln (Innenstadt), Tel. 420 19 00, Kontakt: Frau Peleduhn.

AMBULANTE STERBEBEGLEITUNG

Stets froh über neue Mitarbeiter ist der Hospiz-Verein. Freiwillige Mitglieder, die Sterbenden in ihrer letzten Lebensphase zur Seite stehen möchten, erhalten eine Schulung, um der schwierigen Tätigkeit gewachsen zu sein. Ein Austausch über die Arbeit findet bei monatlichen Teamsitzungen und im Gespräch mit einem Supervisor statt, mit dem Sie über alle Probleme reden können.

Hospiz Köln-Porz e.V., Mühlenstr. 30, 51143 Köln (Porz). Kontakt: Frau Völlings, Tel. 02203-59 20 12.

TIERHEIM

Hier kann man so richtig auf den Hund kommen. Denn im Dellbrücker Tierheim warten dankbare Vierbeiner auf Freiwillige, die mit ihnen spazieren gehen. Da auch ältere Tiere auf Bewegung und individuelle Zuwendung hoffen, braucht niemand zu fürchten, dieser Aufgabe nicht mehr gewachsen zu sein. Wer Lust dazu hat, übernimmt eine Tierpatenschaft für DM 30 im Jahr, um die Versicherungsgebühr abzudecken. Um das tierische Engagement herum rankt sich übrigens ein sehr geselliges Vereinsleben, zu dem Jung und Alt beitragen. Ähnlich ist die Situation im linksrheinischen Zollstocker Tierheim.

▶ *Tierheim Köln-Dellbrück, Iddelsfelder Hardt, 51069 Köln (Dellbrück), Tel. 68 49 26.*
▶ *Konrad-Adenauer-Tierheim, Vorgebirgsstr. 76, 50969 Köln (Zollstock), Tel. 38 12 99, Kontakt: Peter Basse.*

KÖLNER APPELL

Der Verein »Kölner Appell« hat es sich zur Aufgabe gemacht, sich gegen Rassismus und für die Integration von Ausländern einzusetzen. Zu den Aktivitäten gehört auch die Hausaufgabenhilfe für deutsche und ausländische Kinder. Dafür sucht der Verein noch ehrenamtliche Mitglieder. Jeden Montag findet um 20 Uhr im Allerweltshaus in der Körnerstr. 77 eine Informationsveranstaltung statt.

Körnerstr. 77, 50823 Köln (Ehrenfeld), Tel. 952 11 99.

ADFC

Der Allgemeine Deutsche Fahrrad Club freut sich über jedes neue Mitglied. Besonders angewiesen ist man auf Engagierte, die auch außerhalb des Sattels aktiv werden – vom Lobbying im Rathaus über die Radtour am Wochenende bis zu Gesprächen in Bundesministerien oder Fachgremien. Rührigen Menschen eröffnet der ADFC neben politischer Arbeit eine ganze Palette weiterer Tätigkeitsfelder. Dazu gehören die Mitarbeit im Infoladen, die Unterstützung der Redaktion des Vereinsmagazins »Fahr Rad!« oder das Ausarbeiten von Touren.

▸ *Kreisverband Köln, Im Sionstal 8, 50678 Köln (Altstadt), Tel. 32 39 19. Di, Do 17-19, Mi 10-12, Sa 10-13 Uhr.*
▸ *Kreisverband Bonn, Weyerstr. 16a, 53111 Bonn (Innenstadt), Tel. 0228-63 00 15.*

OFFENE TÜR BONN

Vorbildcharakter genießt die »Offene Tür« in Bonn nicht allein aus Altersgründen. Seit 37 Jahren existiert der schöne Altbau mit grünem Gärtchen und einem traumhaften Kursangebot mitten in der Stadt. Natürlich speist sich auch hier viel aus ehrenamtlicher Arbeit. Diese muss sich nicht aufs Büro beschränken, sondern kann sich durchaus auf die verschiedenen Kurse erstrecken.

Offene Tür für Pensionäre und Rentner Bonn e.V., Münsterstr. 21, 53111 Bonn (Innenstadt), Tel. 0228-65 67 79, Kontakt: Frau Frings.

SENIOR EXPERTEN SERVICE

Die Fachleute des »Senior Experten Service« (SES) sind weltweit unterwegs. Mit dem Ziel der »Hilfe zur Selbsthilfe« nutzen sie ihre lebenslange Berufserfahrung, um Fachpersonal anderer Länder, v.a. der so genannten Dritten Welt, vor Ort zu qualifizieren. Inzwischen sind die »Experten mit den weißen Haaren« als ehrenamtliche Botschafter der deutschen Wirtschaft weltweit längst ein Begriff. Der SES betreibt seine unabhängige und anerkannt gemeinnützige Arbeit als Nichtregierungsorganisation u.a. in der Textil-, Glas-, Nahrungsmittel- oder Metallbranche. Senior-Experten müssen aus dem Berufsleben ausgeschieden sein und ihr Wissen unentgeltlich zur Verfügung stellen.

Ehrenamtlicher Dienst der deutschen Wirtschaft für internationale Zusammenarbeit, Postfach 2262, 53012 Bonn, Tel. 0228-26 09 00.

PSYCHO-SOZIALE BETREUUNG

Hier geht es nicht nur um Besuchsdienste, sondern um die Betreuung psychisch Kranker und behinderter Erwachsener. Um dieser anspruchsvollen Tätigkeit gewachsen zu sein, bietet die Evangelische Jugend- und Familienhilfe ihren ehrenamtlichen Helfern professionelle Schulungen an.

Evangelische Jugend- und Familienhilfe, Köln, Tel. 160 38 47.

»Nicht für die Schule, sondern fürs Leben lernen wir.« Im Laufe der Zeit haben Sie sicher erfahren, dass dieser Spruch wohl in dem einen oder anderen Fall zutrifft, auch wenn man dies zu Schultagen wohl eher bezweifelt hatte.

Wer sich im fortgeschrittenen Alter zu einem Studium, einem Volkshochschulkursus oder irgendeiner anderen Weiterbildung entschließt, bestätigt jene Weisheit umso mehr. Schließlich geht es diesen Bildungshungrigen nicht darum, einen Abschluss zu erwerben, sondern ihr Wissen und ihren Erfahrungsschatz zu erweitern. Dabei bestätigen Ausnahmen natürlich die Regel: An den Hochschulen und in anderen Bildungseinrichtungen gibt es immer wieder »ältere Semester«, die gezielt ein Diplom oder sogar eine Promotion anstreben und auch erfolgreich abschließen.

Ob Sie sich diese zum Vorbild nehmen wollen oder sich mit einem Kurs an der Volkshochschule »begnügen«, bleibt Ihrem Wissensdurst überlassen. Ebenso die Entscheidung, ob Sie zusammen mit Gleichaltrigen lernen möchten oder in Gruppen, die sich aus Teilnehmern unterschiedlichen Alters zusammensetzen. Entscheidend ist dabei auch, was Sie lernen möchten: Während in einem historischen Seminar die Sichtweise verschiedener Generationen durchaus befruchtend wirken kann, fühlen Sie sich in einem Internetkurs unter Gleichaltrigen wahrscheinlich wohler als unter computererfahrenen Teenies. Informieren Sie sich auf den folgenden Seiten, welches Weiterbildungsangebot das passende für Sie ist.

UNIVERSITÄT ZU KÖLN

Spezielle Studiengänge für Senioren bietet die Uni Köln nicht. Dafür können Menschen im dritten Lebensabschnitt ein Studium absolvieren oder als Gasthörer an Seminaren oder Vorlesungen teilnehmen. Knapp 2.000 Personen jenseits der 50 nehmen dieses Angebot derzeit wahr. Mitarbeiter und Mitarbeiterinnen der Koordinierungsstelle informieren im persönlichen Gespräch über Voraussetzungen und Möglichkeiten eines Seniorenstudiums und helfen bei der Studienplanung. Sie vermitteln auch Kontakte zum Arbeits- und Gesprächskreis für (ältere) Gasthörer.

Koordinierungsstelle für das Gasthörer- und Seniorenstudium, Kerpener Str. 15, (Raum 316), 50935 Köln (Sülz), Tel. 470 24 52. Di/Mi 10-12 Uhr. Semestergebühr DM 75.

AKADEMIE FÖR UNS KÖLSCHE SPROCH

Hier geht es weniger um akademische Ehren als um die Pflege kölscher Sprache und Lebensart. Die 1983 gegründete »Akademie« bietet Seminare über »Originale und Brauchtum« oder »Stadtgeschichte« an. Zudem betreibt sie das »Kölsch-Telefon«. Wer »jään kölsche Tön luustert« (gerne kölsch hört), kann zum Ortstarif Mundartdichtern und kölschen Poeten zuhören (Tel. 01 15 10). Das Programm liegt in den Filialen der Stadtsparkasse aus.

Im Mediapark 6, 50670 Köln (Innenstadt), Tel. 226 57 91. Kurs DM 75 (12 Termine).

FERNUNIVERSITÄT HAGEN

Der Akzent der Fernuni liegt auf praxisorientierten Fächern wie Wirtschaftswissenschaft, Elektrotechnik, Recht oder Informatik. Es existiert aber auch ein geisteswissenschaftlicher Zweig. Inhalte werden per Computerlernprogramm oder Audio-/Videokassetten vermittelt. Mit ihrer Hilfe kann jeder Student bequem zu Hause lernen. Das wissen gerade Leute zu schätzen, die nicht so gut zu Fuß sind. Wer sich als Gasthörer einschreibt, muss keine spezielle Qualifikation mitbringen. Auch um einen Abschluss zu erreichen, ist das Abitur nicht unbedingt erforderlich, denn die Fernuni bietet eine Einstufungsprüfung bei bestimmten Studiengängen.

Kölner Studienzentrum der Fernuniversität Hagen, Claudiusstr. 1, 50678 Köln (Südstadt), Tel. 327 26. Mo-Do 15-17 Uhr. Semestergebühren ab DM 180.

MALAKADEMIE

Fontane hat erst als Senior angefangen zu schreiben, warum sollten Sie nicht als Senior anfangen zu malen und zu zeichnen? Ein Studium bei der Kölner Malakademie sorgt dafür, dass Ihr Talent in die richtigen Bahnen gelenkt wird. Hier erfahren sie alles über die diversen Maltechniken, um zu verhindern, dass Ihr Ausflug in die Kunst nur mit Frust und missglückten Versuchen verbunden ist.

Hohe Str. 94, 50667 Köln (Innenstadt), Tel. 257 58 34. Do 10-16 Uhr. Kurs ab DM 50.

KARL-RAHNER-AKADEMIE

Eine gute Adresse für (Hobby-) Philologen und Philosophen. Namhafte Dozenten bringen den Teilnehmern vornehmlich Inhalte aus Theologie, Philosophie, Geschichte, Psychologie, Kunst und Literatur nahe. Es werden aber auch Themen aus Arbeitsleben und Wirtschaft behandelt. Die Akademie, die nach einem katholischen Theologen benannt wurde, bietet Seminare abends, vormittags und an Wochenenden. Der Veranstaltungsleitfaden mit mehr als 100 Kursen wird kostenlos zugeschickt.

Jabachstr. 4-8, 50525 Köln (Innenstadt), Tel. 23 42 22. Kurs ab DM 18 (erm. DM 12).

SENIOREN IM MUSEUM

Die anderen Sitten anderer Länder lassen sich nicht nur vor Ort ergründen. Die Veranstaltungsreihe »Senioren im Museum« arbeitete Anfang '99 im Bonner Kunstmuseum z.B. anhand von zeitgenössischer Kunst aus Portugal die Unterschiede und Gemeinsamkeiten europäischer Malerei und Bildhauerei heraus. Anschließend werden die Erkenntnisse kreativ umgesetzt. Natürlich gestalten sich die Kurse für Senioren in jedem Halbjahr anders – je nachdem, welche Ausstellung gerade ins Haus steht. Über die folgenden Themen informiert vierteljährlich eine Broschüre des Museums, die an öffentlichen Stellen ausliegt.

Kunstmuseum Bonn, Friedrich-Ebert-Allee 2, 53113 Bonn (Südstadt), Tel. 0228-77 62 60. Kurs (6 Tage) ab DM 50.

VOLKSHOCHSCHULE

Das Programm der VHS richtet sich zunächst an alle Altersgruppen. Im EDV-Bereich allerdings gibt es in Köln Angebote für Menschen, die das Wissen um Bytes und Bits nicht nur ihren Enkeln überlassen wollen. »Mensch, Gesellschaft, Politik« heißt eine andere Sparte der Kölner VHS, die auf Senioren zugeschnitten ist. Einen Überblick über die Veranstaltungen vermittelt das VHS-Programmheft, das in Buchhandlungen für DM 5 zu erwerben ist. In Bonn wartet die VHS mit einem leuchtend gelben Programmheft extra für Senioren auf, das jede Menge interessanter Kurse auflistet.

▸ *Josef-Haubrich-Hof 2, 50676 Köln (Innenstadt), Tel. 221-23 378.*
▸ *Wilhelmstr. 34, 53111 Bonn (Innenstadt), Tel. 0228-77 35 56.*
▸ *Kurse DM 0-110.*

SPRACHEN

Wer fremde Sprachen beherrscht, fühlt sich fern der Heimat einfach sicherer. So veranstaltet die »Offene Tür Bonn« mit der VHS Sprachkurse, die auf die Bedürfnisse der älteren Generation zugeschnitten sind. Hier braucht man nicht zu fürchten, dass einen das Unterrichts-Tempo überrollt, und lernt dabei genug, um sich im Urlaub auf Englisch, Spanisch oder Italienisch zurechtzufinden.

Offene Tür für Penionäre und Renter e.V., Münsterstr. 21, 53111 Bonn (Innenstadt), Tel. 0228-65 67 79. Kurs ab DM 88.

KATHOLISCHES BILDUNGSWERK

Das Katholische Bildungswerk betreibt allein in Köln rund 150 Veranstaltungsorte. Das Spektrum umfasst Theologie, Politik, Arbeitswelt, Ökologie, Kultur und gezielte Kurse, die dabei helfen sollen, Schicksalsschläge wie Krankheit und Tod zu verarbeiten. Für aufgeschlossene Menschen existiert zudem eine Radiowerkstatt mit begleitenden Seminaren zu Radiojournalismus und Radiotechnik. Bildungsangebote mit und für Ausländer runden das Programm ab.

▸ *Domkloster 3, 50667 Köln (Innenstadt), Tel. 92 58 47 50.*
▸ *Fritz-Tillmann-Str. 13, 53113 Bonn (Innenstadt), Tel. 0228-228 04 50.*
▸ *Veranstaltung DM 0-8.*

MELANCHTHON-AKADEMIE

Die christlich inspirierte Bildungseinrichtung, die sich nach dem Humanisten und Reformator Melanchthon benannt hat, offeriert ein Veranstaltungsprogramm, das sich nicht nur mit angestaubten, theologisch-philosophischen Themen befasst. Bei den Diskussionen und Kongressen, die sich teilweise konkret an Leute über 50 wenden, geht es ganz im Gegenteil um so brisante Fragen wie die Sicherheit der Renten oder ob der Ruhestand eher »Lust oder Frust« bedeutet.

Kartäuserwall 24b, 50678 Köln (Südstadt), Tel. 931 80 30. Veranstaltung ab DM 5.

AKADEMIE ARTEMISIA

»Artemisia«, die Akademie des einzigartigen Frauen-Museums in Bonn, hat die berufliche, künstlerische, politische und individuelle Fortbildung von Frauen zum Ziel. Das geschieht auf kreative Art statt auf streng akademischem Weg. Zu den Lehrmitteln zählen Ton, Speckstein und Tanz. Gefragt sind individuelle Ausdrucksformen statt strenger Formeln: Frau experimentiert mit Stimme und Farbe oder fertigt Hutkreationen für den eigenen Kopf. Wer den Werkstatt-Charakter der Akademie erst einmal kennen lernen möchte, kann auch nur einen der Vorträge besuchen.

Frauen-Museum, Im Krausfeld 10, 53111 Bonn (Altstadt), Tel. 0228-69 13 44. »Freie Malerei« DM 300 (10 Termine).

INTERNET-CAFÉ

Eine feine Sache für alle, denen die gängigen Internet-Cafés zu sehr auf Kids unter 20 schielen und die dennoch ohne teure eigene PC-Ausstattung gern »surfen« würden. Ab Herbst '99 bietet die »Offene Tür« in Bonn solch ein Café an, das neben Kuchen ein Türchen in die virtuelle Welt des Internets bietet. Keine Angst: Sie werden schnell so routiniert »reisen« wie jeder andere Nutzer, da die Begegnungsstätte parallel auch Kurse für Computer-Neulinge ebenso wie für Geübte anbietet.

Offene Tür für Penionäre und Renter e.V., Münsterstr. 21, 53111 Bonn (Innenstadt), Tel. 0228-65 67 79. Gebühren erfragen.

Wer rastet, der rostet

Seniorensport – wer sich darunter ein paar langweilige Gymnastikübungen vorstellt, wird positiv überrascht sein von dem Angebot, das sich Sportvereine und andere Verbände ausgedacht haben, um Menschen in der zweiten Lebenshälfte fit zu halten.

Dass Sport und Bewegung unerlässlich sind, um bis ins hohe Alter fit zu bleiben, ist allgemein bekannt. Und inzwischen wird auch der Tatsache Rechnung getragen, dass es – wie in jeder Altersgruppe – auch unter den Senioren unterschiedlich sportliche Menschen gibt. Grundsätzlich können ältere Menschen – sofern sie gesund sind – in (fast) allen Sportarten aktiv sein. Viele Vereine, Fitnessstudios und andere Anbieter offerieren daher auch spezielle Kurse und Veranstaltungen für Senioren. Deren Vorteil liegt nicht nur darin, dass ein Training unter Gleichaltrigen mehr Spaß macht, sondern auch, dass Bewegungsabläufe, Belastung, Tempo etc. auf die körperliche Konstitution älterer Menschen abgestimmt sind. Auf einer Palette, die vom fernöstlichen Entspannungstraining bis zum Tauchlehrgang reicht, findet jeder den Sport, der seinen Bedürfnissen und Vorlieben entspricht.

Auch wenn Sie bisher eher zu den »Bewegungsmuffeln« gehörten, sollten Sie sich auf den nächsten Seiten inspirieren lassen. Denn regelmäßige Bewegung trägt entscheidend zu Ihrem Wohlbefinden bei. Wenn Sie gesundheitliche Bedenken haben, lassen Sie sich vorher von Ihrem Hausarzt untersuchen und beraten, welcher Sportart Sie bedenkenlos nachgehen können.

SPORT FÜR ALLE

Angeln, Bogenschießen, Aerobic, Roll-stuhlsport, Wandern oder Rudern sind nur ein paar Beispiele aus dem Riesen-angebot. Für nahezu jede Sportart exis-tieren in Köln und Bonn Vereine, die of-fen für neue Mitglieder sind. Das Alter der Teilnehmer in den Gruppen ist da-bei durchweg gemischt, reine Senioren-vereine sind die Ausnahme. Weitere Informationen über die Sportvereine Kölns gibt die Broschüre »Köln bewegt sich«, die in Buchhandlungen für DM 5 zu kaufen ist. Die rund 300 Sportverei-ne Bonns sind ebenfalls in einer Bro-schüre zusammengefasst, die kostenlos angefordert werden kann.

▸ *Stadtsportbund Köln, Schaevenstr. 1b, 50676 Köln (Innenstadt), Tel. 92 13 00 22.*
▸ *Stadtsportbund Bonn, Am Frankenbad 2, 53111 Bonn (Altstadt), Tel. 0228-69 22 96. Mi 15-19 Uhr.*

RADFAHREN & MEHR

Nicht nur die Radtouren des Vereins für Sport, Freizeit und gesellschaftliches Engagement sind empfehlenswert. Laut Auffassung einiger Mitarbeiter des Stadtsportbundes Köln gehört dieser Verein aufgrund seiner Angebote zum Pfiffigsten, was Köln für Senioren zu bieten hat – nicht nur in Sachen Sport!

Verein für Sport, Freizeit u. gesellschaftl. Engagement in der zweiten Lebenshälfte e.V., Am Engelshof 15, 50859 Köln (Weiden), Tel. 02234- 495 34. Jahresbeitrag DM 75.

»HOCHSCHUL-SPORT«

Sportbegeisterten Senioren steht die Möglichkeit offen, an den Vorlesungen und den praktischen Übungen der Sporthochschule teilzunehmen – vo-rausgesetzt, es sind freie Plätze vorhan-den. Ein Abschluss kann jedoch nicht erworben werden. Bei älteren Gasthö-rern besonders beliebt ist z.B. das Fel-denkrais-Seminar. Wann dieses stattfin-det und welche Möglichkeiten die Sporthochschule Senioren außerdem bietet, erfahren Sie bei einer Informati-onsveranstaltung ungefähr eine Woche vor Semesterbeginn. Der Termin steht im aktuellen Vorlesungsverzeichnis oder kann telefonisch erfragt werden.

Sporthochschule Köln, Fort- und Weiterbil-dungsstelle, Karl-Diem-Weg 6, 50933 Köln (Sülz), Tel. 49 82-213, Kontakt: Frau Hanusa. Semestergebühr DM 75.

REHA-SPORT

Der renommierte ASV, der schon veri-table Olympiasieger hervorgebracht hat, hat zwar keine speziellen Seniorenange-bote im Programm, dafür aber eine gan-ze Menge Angebote auf dem Sektor Re-ha-Sport. Wenn Sie nach einer Krank-heit oder einer Operation die Genesung Ihres Körpers mit einem auf Ihre Be-dürfnisse abgestimmten Trainingspro-gramm unterstützen möchten, sind Sie hier an der richtigen Stelle.

ASV, Olympiaweg 3, 50933 Köln (Mün-gersdorf), Tel. 499 53 72. Jahresbeitrag DM 282 zuzügl. Kursgebühren ab DM 9/Mon.

YOGA FÜR JEDEN

Die Bonner Volkshochschule hat auch einiges auf dem sportlichen Sektor zu bieten. Zum Beispiel Yoga in Godesberg speziell für Senioren, die hier auf sanfte Art ihrem Körper und Geist Gutes tun können. Wer flottere Rhythmen bevorzugt, muss sich nach Dransdorf oder in die Innenstadt begeben, wo ebenfalls Yoga und Wirbelsäulengymnastik auf dem Plan stehen. Alles in allem deckt die VHS die Stadtgebiete mit einem umfassenden und differenzierten Programm ab, über das man sich unter der angegeben Nummer informieren kann.

Volkshochschule der Stadt Bonn, Wilhelmstr. 34, 53111 Bonn (Innenstadt), Tel. 0228-77 35 56. Yoga-Kurs ab DM 81.

SAUNA & SPORT

»Mit Sicherheit fit« lautet das Motto des kleinen, persönlichen Fitnessstudios, das im Bonner Saunaparadies »Die Therme« residiert. Dafür sorgen fachkundige Trainer, die jede mögliche Überlastung genau im Auge behalten. Zu den Extras zählen spezielle Kurse gegen Osteoporose und eine Einführung in die asiatische Kampfkunst Tai Chi. Die Mitgliedschaft lässt sich wahlweise ausdehnen, sodass man auch den angrenzenden Saunabereich aufsuchen kann, um sich nach dem Sport ausgiebig zu entspannen.

Die Therme, Kapuzinerstr. 11, 53111 Bonn (Innenstadt), Tel. 0228-65 50 39. Kosten: DM 90 pro Monat, mit Sauna DM 150.

WELLNESS

Das Vortrags- und Seminarhaus im Godesberger Villenviertel verfügt über drei Räume, in denen der Kneipp-Verein Sportkurse speziell für Senioren anbietet. »Meditaler Tanz« gehört dabei genauso zum Programm wie Yoga oder Bewegungsübungen, die Blockaden und Verkrampfungen lösen (Eutonie). Jeden zweiten Freitag im Monat fährt man von hier aus zum Kneippen ins Thermalbad Bad Hönnigen. Wie einst Pfarrer Kneipp favorisiert der Kneipp-Verein auch heute noch die Arbeit auf naturkundlicher Basis.

Kneipp-Verein Bad Godesberg, Beethovenallee 16, 53173 Bonn (Bad Godesberg), Tel. 0228-36 47 37, Kontakt: Herr Esser u. Herr Lutz. Beitrag nach Ermessen.

HEIM-TRAINING

Eine Marktlücke, die in Ländern wie den USA längst geschlossen wurde, hat dieser Trainer für sich entdeckt: Er lässt bewegungswillige Leute nicht zu sich ins Studio kommen, sondern besucht sie zu Hause, um dort mit ihnen ein Privattraining (max. 45 Min. ab DM 50) in den eigenen vier Wänden zu absolvieren. Die ganze Geschichte hat nur einen Nachteil: Es gibt offensichtlich so viele Menschen, die dieses Angebot wahrnehmen wollen, dass unter der angegebenen Nummer häufig kein Durchkommen ist. Da hilft nur eines: Überlegen Sie sich ein Übergangsprogramm, bis Sie den »Personal-Trainer« erreicht haben.

Rupert M. Fehler, Tel. 0221-60 50 41 u. 0172-698 26 74. Sprechstunde: Mo-Do 10-12, Fr 18-19 Uhr.

FITNESS & WANDERN

Das Repertoire der Kölner Seniorensportgemeinschaft (KSG) umfasst u.a. verschiedene Gymnastikformen, Radfahren, Tennis, Badminton, Yoga und Tanz. Besonders beliebt ist das Wanderprogramm mit rund 15 »Märschen« pro Monat, deren Niveau sich zwischen leicht und mittelschwer bewegt. Die KSG unterstützt auch Senioren, die sich mit dem Gedanken tragen, das Sportabzeichen zu erwerben.

Kölner Seniorensportgemeinschaft f. Sport u. Freizeit e.V,. Anton-Antweiler-Str. 10, 50937 Köln (Sülz), Tel. 943 81 40. Monatsbeitrag DM 15 inkl. 1 Kurs.

ASCOT

Senioren stellen traditionsgemäß nicht gerade das Stammpublikum der Fitnessstudios. Das mag daran liegen, dass die Wege zu Kraft und Schönheit dort nicht unbedingt mit gesundheitlichen Bestrebungen Hand in Hand gehen. Genau darauf legt man aber bei »Ascot« Wert. Darum stehen hier ausgebildete Sportlehrer, die ein waches Auge darauf haben, dass die Hobby-Sportler sich keinen Schaden zufügen.

Ascot Fitness & Health Club, Hohenzollernring 95-97, 50672 Köln (Innenstadt), Tel. 51 83 25. Beitrag ab DM 99 pro Mon.

VITALIS FITNESS TEAM

Das »Vitalis fitness team« verfolgt das gleiche Konzept wie der »Ascot Fitness & Health Club«, dessen Ableger es ist. Hier wie dort geht es um gesundheitsorientiertes Fitnesstraining, das auch Rehabilitationsübungen nach Unfällen einschließt. An Senioren richtet sich das »fitness team« mit einem besonderen Angebot. In Absprache mit dem behandelnden Arzt werden je nach Indikation Übungen zum Kräftigen und Mobilisieren festgelegt. Bewegungen, die gezielt Krankheiten wie Osteoporose entgegenwirken, stehen dabei im Vordergrund. Senioren können sich entscheiden, ob sie ein Einzeltraining oder ein Gruppenangebot bevorzugen.

Steyler Str. 11, 51057 Köln (Holweide), Tel. 96 36-126 u. -127. Beitrag ab DM 99 pro Monat.

CLUB HEIDE ECKER-ROSENDAHL

Die meisten Adressen in Köln bieten wenig Tuchfühlung mit Olympiasiegern. Im »Club Heide Ecker-Rosendahl« ist das anders. In Frechen, wenige Autominuten von Köln entfernt, hat die ehemalige Spitzenathletin ein eigenes Studio eröffnet. Hier spielen kompetente Beratung und die Berücksichtigung der persönlichen Konstitution eine wichtige Rolle. Jeder, der hier fit werden möchte, erhält ein individuelles, vom Studioleiter ausgearbeitetes Programm.

Braugasse 12, 50226 Frechen, Tel. 02234-483 94. 10er-Karte DM 190.

OMEGA SPORTS

Wer nach dem Programm von »Omega Sports« fragt, bekommt mit der Antwort auch einen kleinen Fragebogen. Hier wird der Neuling unter anderem aufgefordert, sein gesundheitliches Befinden einzuschätzen, darüber Auskunft zu geben, ob er unter Beschwerden oder akuten Verletzungen leidet, und zu erläutern, was er vom Training erwartet. Ein solches Vorgehen lässt auf hohe Professionalität und Verantwortungsbewusstsein schließen. Tatsächlich liegt die Regie in diesem Fitnessstudio bei einem Diplomsportlehrer. Er stellt sicher, dass nicht nur krudes »Bauch-weg-Gehopse« geboten wird, sondern seriöser Gesundheitssport.

Thurner Kamp 46, 51069 Köln (Dellbrück), Tel. 68 87 87. Beitrag ab DM 70 pro Mon.

WASSERGYMNASTIK

Fast alle Wassergymnastik-Kurse werden von den Kölner Bädern angeboten. Ein Kurs, der sich speziell an Senioren richtet, ist darunter bislang nicht. Die Mitarbeiter des Sport- und Bäderamtes tragen sich aufgrund der klaren Nachfrage jedoch mit dem Gedanken, zum Herbst 1999 einen solchen Extra-Kurs einzurichten. Interessierte können dann telefonisch nachhören, ob die Idee in die Tat umgesetzt wurde. Unter der zentralen Telefonnummer 178 24 62 erfahren Sie aber auch schon vorher, welche Betätigungsmöglichkeiten und Schwimmkurse Ihnen das nächstgelegene Schwimmbad zu bieten hat. Gezieltere Angebote erwarten die Bonner, denn die Stadt hat sich längst mit dem Thema Seniorensport beschäftigt. Genaue Auskunft darüber erteilt Ihnen Herr Heine, der speziell für den Seniorensport zuständig ist. Sie erreichen ihn am besten vormittags unter der Rufnummer 0228-77 45 45.

▶ *Kölner Bäderamt, Tel. 178 24 62 o. 178 24 61.*
▶ *Bonner Sport- und Bäderamt, Tel. 0228-77 32 35.*

SCHWIMMEN

Die Bonner Brutstätte für Leistungssportler mausert sich mehr und mehr zum Zentrum für Breiten- und Gesundheitssport. Neben den professionellen Schwimmern, die hier auf luxuriös langen Bahnen (50m) trainieren, und zahlreichen Hobbywasserratten haben sich

einige Kurse für »Damen und Herren ab 50« etabliert. Zum Angebot zählen seltenere Sportarten wie Aquajogging oder – ganz grundlegend – ein »Senioren-Anfängerschwimmen«. Darüber hinaus veranstaltet der SSF auch Trockenübungen wie Fitnesstraining und Skigymnastik. Auf der Beueler Seite betreibt man auch Tai Chi in einem Bootshaus am Wasser mit schöner Terrasse und einem empfehlenswerten italienischen Restaurant.

Kölnstr. 250, 53117 Bonn (Nordstadt). Infos: Frau Hartung, Tel. 0228-67 68 68. Mitgliedsbeitrag DM 169 pro Jahr zuzügl. Kursgeb. Für Nichtmitgl. erhöhte Kursgeb.

SPORT & SPASS

Zum »Jahr der Senioren« hat der Turngau Köln ein Programm zusammengestellt, das sich an alle richtet, die »Spass an altersgerechter Sportausübung haben«. Dabei werden auch betont jugendliche Sportarten wie Inline-Skating in einem Schnupperkurs vorgestellt. Aber auch Bewegungstheater, autogenes Training und Selbstverteidigung gehören zum Repertoire. Wer Molesten mit der Gesundheit hat bzw. hatte, wird möglicherweise die Angebote schätzen, die sich an Diabetiker oder (ehemalige) Krebs- oder Schlaganfallpatienten richten. Dem Turngau-Köln sind Vereine aus fast allen Stadtteilen angeschlossen.

Turngau Köln, Deutz-Kalker-Str. 52, 50679 Köln (Deutz), Tel. 81 37 83, Kontakt: Herr Weischer. Mo 14-19, Di u. Do 9-14 Uhr. Beitrag DM 6,25 pro Jahr(!).

GOLF

Das Schulsport-Zentrum hat sich ganz dem Golfsport verschrieben. Es verfügt über einen Golftrainer und über einen eigenen Golfplatz, der mit neun Löchern ausgestattet ist. Für Anfänger völlig ausreichend und auch für Fortgeschrittene von Vorteil, weil für die Benutzung eines 18-Loch-Platzes meist sehr tief in die Tasche gegriffen werden muss. Ganz billig ist das Vergnügen auch im Schulsport-Zentrum nicht: Die Aufnahmegebühr beträgt DM 750, der jährliche Beitrag beläuft sich auf DM 650 und Anfänger zahlen für jede Trainerstunde DM 50.

Schulsport-Zentrum Köln-Wahn e.V., Frankfurter Str. 23, 51065 Köln (Wahn), Tel. 02203-623 34. Di-Fr 17-19 Uhr.

SPORT BEI DER POST

Vielleicht haben die schweren Taschen der Briefträger ja dafür gesorgt, dass die Post schon früh jede Menge ausgleichenden Sport in einem eigenen Verein angeboten hat. Die Tür steht jedoch nicht nur Postbediensteten oder Vereinsmitgliedern offen: Wer Lust auf Tischtennis, Sportkegeln, Rückenschule oder ausgewiesenen Seniorensport (z.B. Kardio-Fitness ab 50) hat, ist in den zahlreichen Kursen willkommen.

Postsportverein Bonn e.V., Zentrum für Sport und Gesundheit, Postfach 2148, 53011 Bonn, Tel. 0228-67 36 53, Kontakt: Herr Schütt u. Frau Höft. Kurse: für Mitglieder DM 15 pro Monat, für Nichtmitglieder etwas mehr.

BADMINTON

»Federball spielen kann jeder!« Daraus folgert Bonns erster Badminton-Klub, dass jeder auch die attraktive Ballsportart Badminton erlernen kann. Der Erfolg gibt ihm Recht. Inzwischen gehören mehr als 500 Aktive in ganz Deutschland zum Klub; darunter Hobbyspieler, die weit über 70 Jahre alt sind. Trainingskurse erleichtern den Einstieg, gesellige und sportliche Veranstaltungen das Kennenlernen, und der freie Eintritt bei den Heimspielen der 2. Bundesliga-Mannschaft sorgt öfter einmal für zwangloses Beisammensein.

1. Badminton Club Beuel 1995 e.V., Kaiser-Konrad-Str. 69, 53225 Bonn (Beuel), Tel. 0228-47 03 08. Monatsbeitrag DM 20.

VITALITÄT & BEWEGUNG

Mögen Sie auch keine »Muckibuden«? Sportlich Aktive, die das Klischee-Fitnessstudio mit seinen Muskelmaschinen scheuen, sind bei Karin Völkl bestens aufgehoben. Die diplomierte Sportlehrerin und -therapeutin bietet ein Konzept besonderer Art: keine Geräte, kleine Gruppen und bei Bedarf ein intensives Einzeltraining. Doch auch die Teilnehmer der höchstens zwölfköpfigen Gruppen können sich darauf verlassen, dass Karin Völkl gezielt auf die physische Verfassung des Einzelnen eingeht. Kurse wie »Gesund & fit ab 55« oder »40plus« gehören zum Repertoire und werden von Interessierten besucht, die inzwischen auch Unternehmungen jenseits der Gymnastikstunden planen.

Karin Völkl, Martinsplatz 2, 53113 Bonn (Innenstadt), Tel. 0228-65 05 25. Gruppentraining DM 95 (5er-Karte), Einzeltraining DM 70 (45 Min.).

SPORT MIT HANDICAP

Das ganzheitliche therapeutische Konzept des Vereins richtet sich nicht nur an Menschen, die seit ihrer Geburt behindert sind. Innere Erkrankungen wie Asthma oder Diabetes werden in einem der rund 90 Kurse ebenso berücksichtigt wie neurologische Diagnosen (Multiple Sklerose, Schlaganfall, Parkinson). Extra für Senioren stehen Kurse zum Thema Herz, Rücken oder Osteoporose auf dem Plan. Überdies legt der Verein großen Wert darauf, trotz seines Namens eine Institution für »Sport, Freizeit und (Sozial-)Beratung für Behinderte und Nichtbehinderte« zu sein.

Verein für Behindertensport, Hans-Böckler-Str. 16, 53225 Bonn (Beuel), Tel. 0228-42 06 08. Jahresbeitrag DM 200.

TANZSPORT

Im ehrwürdigen Jugendstilrahmen der Flora findet seit 15 Jahren dienstags von 15-18 Uhr ein Tanztee für Senioren statt. Die Musik kommt von einer Live-Kapelle, und weil die teuer ist, bleibt kein Geld für einen Tanzlehrer. Das sollte aber niemanden, der sich für Tanz und Begegnung interessiert, von einer Teilnahme abhalten. Denn natürlich hilft gerne jeder jedem, wenn es um Schrittkombinationen und ausgefeilte Figuren geht. Wer einmal teilnehmen möchte, bezahlt DM 7 für eine Tageskarte. Eine Mitgliedschaft im Seniorentanzsportclub kostet DM 60 im Jahr und ermöglicht eine kostenfreie Teilnahme am Tanz und natürlich an den vielen Geselligkeiten, die sich im Laufe der Jahre entwickelt haben. Wer gerne unverbindlich beim Seniorentanzsportclub hineinschnuppern möchte, sollte sich zuvor bei Frau Gries oder Herrn Kreuter erkundigen, ob der Tanztee stattfindet. Wenn die Flora für Kongresse oder Festivitäten vermietet ist, kann er möglicherweise ausfallen.

Kölner Seniorentanzsportclub 85, Flora, Amsterdamer Str. 34, 50735 Köln (Riehl). Kontakt: Herr Kreuter, Tel. 02233-225 21 oder Frau Gries, Tel. 31 33 34.

Noch Fragen?

Die folgenden Organisationen, Vereine und Beratungsstellen helfen Ihnen bei Fragen und Problemen mit Rat und Tat oder mit der Nennung des richtigen Ansprechpartners weiter.

KÖLN

Beratung

▶ *Senioren-Telefon der Stadt Köln, Tel. 221-274 00, Kontakt: Frau Küpper, Frau Hackenberg.*
▶ *Büro für Bürgerengagement in der Arbeiterwohlfahrt, Rubensstr. 7-13, 50676 Köln, Tel. 204 07 51, Kontakt: Frau Blickhäuser.*

Begegnungsstätten

▶ *Bürgerhaus Stollwerck, Dreikönigenstr. 23, 50678 Köln, Tel. 31 80 53.*
▶ *Bürgerzentrum Alte Feuerwache, Melchiorstr. 3, 50670 Köln, Tel. 97 39 10 73.*
▶ *Quäker Nachbarschaftsheim e.V., Kreutzerstr. 5, 50672 Köln, Tel. 951 54 00.*
▶ *Jugend- und Bürgerzentrum Deutz, Tempelstr. 41-43, 50679 Köln, Tel. 914 59.*
▶ *Bürgerschaftshaus Bocklemünd-Mengenich e.V., Görlinger Zentrum 15, 50829 Köln, Tel. 50 10 17.*
▶ *Bürgerzentrum Ehrenfeld, Venloer Str. 429, 50825 Köln, Tel. 54 21 11.*
▶ *Bürgerzentrum Nippes (Altenberger Hof), Mauenheimer Str. 92, 50733 Köln, Tel. 97 65 87 34.*
▶ *Bürgerzentrum Chorweiler, Pariser Platz 1, 50765 Köln, Tel. 22 19 64 44.*
▶ *Bürgerzentrum Engelshof e.V. (Porz), Oberstr. 96, 51149 Köln, Tel. 02203-152 16.*
▶ *Bürgerhaus Kalk, Kalk-Mülheimer-Str. 58, 51103 Köln, Tel. 58 20 51.*

▶ *Bürgerzentrum Vingst, Hesshofstr. 43, 51107 Köln, Tel. 87 70 21.*

Kartenvorverkauf

▶ *Köln-Ticket, Tel. 28 01, Information: Tel. 257 41 41.*

Selbsthilfe-Kontaktstelle

▶ *Senioren-Telefon der Stadt Köln, Tel. 221-274 00, Kontakt: Frau Küpper, Frau Hackenberg.*
Vermittelt Kontakte zu Selbsthilfegruppen aus allen Bereichen.

Aktivitäten

▶ *AKTIV, Erste Kölner Seniorengenossenschaft i.G., Eifelstr. 12, 50677 Köln, Tel. 33 12 20.*
▶ *Arbeitsgemeinschaft Rheinsteinstraße e.V., Rheinsteinstr. 4, 50968 Köln, Tel. 34 49 28.*
▶ *Bund Deutscher Rentner e.V., Tel. 25 16 76.*
▶ *Gemeinnützige Soziokulturelle Begegnungstätte Köln e.V. (SKB), Baadenberger Str. 8, 50825 Köln, Tel. 550 24 56.*
▶ *Kneipp-Verein e.V., Am Kirchhof 13, 50997 Köln, Tel. 02232-687 69.*
▶ *Kölner Seniorengemeinschaft für Sport- und Freizeitgestaltung e.V., Anton-Antweiler-Str. 10, 50937 Köln, Tel. 94 38-140.*
▶ *I.D.L. e.V. (Initiative Dritte Lebensphase), Saarstr. 22, 50677 Köln, Tel. 923 32 22.*
▶ *Lindenthaler Jungsenioren, Ev. Kirchengemeinde, Lindenthalgürtel 30, 50935 Köln, Tel. 476 98 10.*
▶ *Seniorenclub KONTAKT e.V., Pfarrheim, Birkenallee 20, 50858 Köln, Tel. 48 70 79.*
▶ *Verein »Junge Alte e.V«, Feldbergstr. 9, 51105 Köln, Tel. 880 00 15.*

▶ *Vergiss mich nicht e.V. für Senioren und Schwerbehinderte, Alte Feuerwache, Melchiorstr. 3, 50670 Köln, Tel. 13 65 33.*

BONN

Beratung

▶ *Haus der Bonner Altenhilfe, Flemingstr. 2, 53123 Bonn, Tel. 979 82 18 (Seniorenruf) u. 979 82 18 (Pflegeberatungstelefon).*
▶ *Senioren-Börse Bonn, Haus der Bonner Altenhilfe, Flemingstr. 2, 53123 Bonn, Tel. 79 81 26. Mo-Fr 10-12 Uhr.*
▶ *Bürgerberatung, Stadthaus Bonn, Berliner Platz 2, 53111 Bonn, Tel. 77 37 43 u. 77 37 50.*
▶ *Krisenberatungsstelle für Senioren und Angehörige, Breite Str. 107a, 53111 Bonn, Tel. 69 68 68.*

Begegnungsstätten

▶ *Städtische Begegnungsstätte »Endenicher Burgstuben«, Am Burggraben 18, 53121 Bonn, Tel. 62 50 54.*
▶ *Städtisches Altenzentrum »Haus Elisabeth«, Gudenauer Weg 140, 53127 Bonn, Tel. 91 01 40.*
▶ *Städtische Begegnungsstätte »Konvente St. Aegidius und St. Jakob«, Breite Str. 107a, 53111 Bonn, Tel. 77 21 06.*
▶ *Städtische Begegnungsstätte »Dransdorfer Burg«, Siemensstr. 244, 53121 Bonn, Tel. 66 45 97.*
▶ *Städtische Begegnungsstätte Mehlem, Utestr. 1, 53179 Bonn, Tel. 34 80 02.*
▶ *Altenbegegnungsstätte »Haus am Redoutenpark«, Kurfürstenallee 10, 53177 Bonn, Tel. 367 52 46.*
▶ *Haus auf dem Heiderhof der Rheinischen Gesellschaft Düsseldorf, Tulpenbaumweg 18, 53177 Bonn, Tel. 952 40.*

▸ *Städtische Begegnungsstätte, Brücken-forum, Friedrich-Breuer-Str. 17, 53225 Bonn, Tel. 47 47 03.*

Selbsthilfe-Kontaktstelle

▸ *SEKIS, Selbsthilfe-Kontaktstelle, Lothar-str. 84-86, 53115 Bonn, Tel. 914 59-17.*

Aktivitäten

▸ *Bürgerbund Bonn e.V., Tel. 31 08 17.*
▸ *Senioren-Schutz-Bund »Graue Pan-ther« e.V., Tel. 79 74 96.*
▸ *Verein »Offene Tür für Pensionäre und Rentner Bonn e.V.«, Münsterstr. 21, 53111 Bonn, Tel. 65 67 79.*
▸ *Seniorenbüro Tat und Rat e.V., Bornhei-mer Str. 130b, 53119 Bonn, Tel. 63 55 32.*
▸ *Verein »Offene Tür zur Betreuung Älte-rer Menschen e.V.«, Dürenstr. 2a, 53173 Bonn, Tel. 35 72 20.*
▸ *Seniorenmedienforum, Münsterstr. 21, 53111 Bonn, Tel. 63 73 77.*

ÜBERREGIONALE ANGEBOTE

Opfernotruf

▸ *Weißer Ring, Tel. 01803-34 34 34 (gilt bundesweit und ist kostenlos).*

Gesundheit

▸ *Bundesselbsthilfeverband Schlaganfall-betroffener und gleichartig Behinderter e.V., Altkrautheimer Str. 17, 74238 Krautheim, Tel. 06294-68-0.*
▸ *Bundesselbsthilfeverband für Osteoporose, Kirchfeldstr. 149, 40215 Düsseldorf, Tel. 0211-31 91 65.*
▸ *Bundesverband für Körper- u. Mehrfach-behinderte e.V., Brehmstr. 5-7, 40239 Düsseldorf, Tel. 0211-64 00 40.*
▸ *Bundesverband Deutsche Alzheimer*

Gesellschaft e.V., Kantstr. 152, 10623 Berlin, Tel. 030-31 50 57 33.
▸ *Deutscher Diabetiker-Bund, Danziger Weg 1, 58511 Lüdenscheid, Tel. 02351-98 91 53.*
▸ *Deutsche Gesellschaft zur Förderung der Gehörlosen u. Schwerhörigen e.V., Nie-möllerallee 18, 81739 München, Tel. 089-67 92 02 48.*
▸ *Deutsche Krebshilfe e.V., Thomas-Mann-Str. 40, 53111 Bonn, Tel. 0228-72 99 00.*
▸ *Deutsche Rheuma-Liga e.V., Maximili-anstr. 14, 53111 Bonn, Tel. 0228-76 60 60.*
▸ *Deutscher Blinden- u. Sehbehinderten-verband e.V., Bismarckallee 30, 53173 Bonn, Tel. 0228-95 58 20.*
▸ *Gesellschaft für Inkontinenzhilfe e.V., Friedrich-Ebert-Str. 124, 34119 Kassel, Tel. 0561-78 06 04.*

Publikationen zum Thema Alter

▸ *Kuratorium Deutsche Altershilfe, An der Pauluskirche 3, 50677 Köln, Tel. 0221-93 18 47-0.*
Reichhaltiges Angebot an Büchern und Infobroschüren. Die aktuelle Liste kann kostenlos angefordert wer-den. Besonders empfehlenswert ist das Buch »Rund ums Alter. Alles Wis-senswerte von A-Z«, Hrsg.: Kurato-rium Deutsche Altershilfe, München 1996. DM 29,80.
▸ *Ministerium für Arbeit, Gesundheit und Soziales des Landes NRW (MAGS), Breite Str. 31, 40213 Düsseldorf, Tel. 0211-86 18-50.*
Diverse Info-Broschüren.

Index

Impressum

COMPANIONS Glänzer Linkwitz Wiskemann GmbH
Van-der-Smissen-Str. 2, 22767 Hamburg
Tel. 040-306 35-100, Fax 040-306 35-150
E-Mail: info@companions.de

Autorin: Christiane Meixner
Lektorat und Schlussredaktion: Ulrike Frühwald, Claudia Thomsen (Ltg.)
Schlusskorrektur: Arnd M. Schuppius
Titelgestaltung und Layoutkonzeption: Cornelia Prott
Titelfoto: The Stock Market (Ronnie Kaufman)
Produktion: Carin Behrens
Gesamtherstellung: Milano Stampa New Interlitho SpA

Bildnachweise:
PhotoDisc: S. 2, 4, 7, 16, 20, 24, 27, 35, 38,
41, 42, 44, 47, 48, 50, 58, 62, 64, 67, 70, 72
Digital Stock: S. 8, 10, 28, 53, 54, 69
MEV Verlag: S. 12, 15, 74
Project Photos: S. 22
Illustrationen: Image Club Graphics

ISBN 3-89740-165-7

Wir danken: Hartmut Heincke, Claudia Langer und allen anderen, die zum Gelingen dieses Buches beigetragen haben.